土地增值税
风险防控与税企争议化解之道

肖太寿　钟天宁◎编著

立信会计出版社
LIXIN ACCOUNTING PUBLISHING HOUSE

图书在版编目(CIP)数据

土地增值税风险防控与税企争议化解之道 / 肖太寿，钟天宁编著．—上海：立信会计出版社，2023.8
ISBN 978－7－5429－7342－9

Ⅰ．①土… Ⅱ．①肖… ②钟… Ⅲ．①土地增值税－税收管理－风险管理－研究－中国 ②房地产企业－税收管理－研究－中国 Ⅳ．①F812.424 ②F812.423

中国国家版本馆 CIP 数据核字(2023)第 097931 号

责任编辑　毕芸芸

土地增值税风险防控与税企争议化解之道
TUDI ZENGZHISHUI FENGXIAN FANGKONG YU SHUIQI ZHENGYI HUAJIEZHIDAO

出版发行	立信会计出版社		
地　　址	上海市中山西路 2230 号	邮政编码	200235
电　　话	(021)64411389	传　　真	(021)64411325
网　　址	www.lixinph.com	电子邮箱	lixinph2019@126.com
网上书店	http://lixin.jd.com		http://lxkjcbs.tmall.com
经　　销	各地新华书店		
印　　刷	固安华明印业有限公司		
开　　本	710 毫米×1000 毫米	1/16	
印　　张	17.75		
字　　数	150 千字		
版　　次	2023 年 8 月第 1 版		
印　　次	2023 年 8 月第 1 次		
书　　号	ISBN 978－7－5429－7342－9/F		
定　　价	98.00 元		

如有印订差错，请与本社联系调换

前言

房地产开发企业在土地增值税缴纳和清算中存在不少税务风险,给房地产开发企业留下了税收稽查风险。因此,及时发现土地增值税存在的涉税风险,并采取有力防控措施进行规避,是提升房地产开发企业纳税安全、合法合理节约纳税成本的关键举措。

本书是肖太寿博士与钟天宁税务师深入企业实践咨询和现场讲学,结合国家现有针对房地产开发企业的相关税收政策,编写而成。

本书分为上下两篇。上篇为土地增值税的"20个涉税风险点"及其防控之策,主要针对房地产开发企业存在的20个典型的土地增值税涉税风险点进行分析并给出防控之策;下篇为土地增值税清算中的"5大税企争议"及其化解之道,主要分析在土地增值税清算业务中,房地产开发企业与税务机关之间主要的5大争议并提出化解之道。

本书具有以下特点：

（1）新颖性和创新性。本书基于税务实践，将房地产相关的税收政策应用到房地产开发企业土地增值税风险防控与税企争议化解之道的剖析上，具有很强的新颖性和创新性。

（2）实用性和操作性。本书的案例都引自笔者长期税务咨询实践中积累的真实案例，读者阅读后，能够识别、诊断、应对土地增值税清算业务中存在的涉税风险点，富有操作性和实用性。

本书可作为各大律师事务所、会计师事务所、税务师事务所、财税咨询公司、企业管理咨询公司等财税中介机构和各地税务干部、财务总监、财务部经理、企业家的培训教材，也可作为广大教师、科研人员、税务官员、注册税务师、注册会计师和税务律师的参考用书。

由于时间仓促，书中若有不妥之处，敬请读者谅解！

2023 年 8 月

肖太寿

重点内容导读

土地增值税"20个涉税风险点"及其防控之策

一、"甲供材"成本扣除

1. 土地增值税风险

房地产开发企业甲供工程存在重复扣除"甲供材"成本从而少缴纳土地增值税的风险。

2. 防控之策

第一,施工企业与房地产开发企业在工程结算时绝对不能采用总额结算法,而应采用差额结算法。

第二,房地产开发企业在做工程造价时,"甲供材"金额含在工程总造价中,但与施工企业签订建造施工总承包合同时,合同总价不含"甲供材"金额。

二、拆迁补偿(安置)成本分摊扣除

1. 土地增值税风险

多个开发项目共同发生的拆迁补偿(安置)成本,没有按照开发项目正确分摊,从而导致先开发的项目少缴纳土地增值税,后开发的项目多缴纳土地增值税,没有按照土地增值税的纳税义务发生时间缴纳税款。

2. 防控之策

第一,将拆迁补偿(安置)房视同销售的市场价格确认收入,在多个开发项目按照一定比例进行分配。

第二,拆迁补偿(安置)成本按照以下三种分摊方法进行分摊:一是占地面积法,二是建筑面积法,三是税务机关确认的其他方式。

第三,将分配到每一期项目的拆迁补偿(安置)成本,在已销售商品房与未销售商品房之间进行分摊或分配。

三、拆迁补偿房

1. 土地增值税风险

第一,少缴纳土地增值税风险。房地产开发企业未将拆迁补偿房进行"视同销售"处理,从而在土地增值税清算申报时,没有把实物还建的房产确认为土地增值税的应税收入,从而少缴土地增值税。

第二,多缴纳土地增值税风险。房地产开发企业没有以拆迁补偿房视同销售的市场价值确认为拆迁补偿房置换被拆迁人土地及其地上建筑物的交换成本,致使房地产开发企业在土地增值税清算时少扣除成本,从而多缴纳土地增值税。

2. 防控之策

第一，房地产开发企业实物还建的房产应"视同销售"，应按照市场公允价值或评估价值确认为销售不动产收入，并入土地增值税收入依法缴纳土地增值税。

第二，房地产开发企业用于换取被拆迁人房产和土地的实物还建房产的公允价值，不可以按照拆迁房的建造成本确认，必须按照其视同销售的市场价值确认，然后在财务上计入"开发成本——土地征用及拆迁补偿费"，在房地产开发企业计算土地增值税时扣除。

第三，异地安置的房屋属于购入的，以实际支付的购房支出计入拆迁补偿费。

第四，房地产开发企业用于换取被拆迁人房产和土地的实物还建房产的公允价值，计入"开发成本——土地征用及拆迁补偿费"，必须按照共同发生的费用，在不同开发期项目按照一定的比例进行分摊。

四、利息支出

1. 土地增值税风险

在土地增值税清算时，没有将平常会计核算计入"房地产开发成本——开发间接费用——利息费用"的利息支出调整至财务费用中计算扣除，从而导致房地产开发企业少缴纳土地增值税。

2. 防控之策

房地产开发企业计入开发成本的借款费用或利息支出,在进行土地增值税清算时,需要剔除,应将其调整至财务费用中计算扣除。

五、以房抵工程款

1. 土地增值税风险

抵工程款的房屋定价"明显偏低且不合理",导致房地产开发企业少缴纳土地增值税。

2. 防控之策

房地产开发企业与建筑企业发生"以房抵工程款"的情况,一定要审查和确认房地产开发企业以房抵建筑企业工程款的金额不得低于房地产开发企业用于抵建筑企业工程款的开发产品的市场价格的70%。

六、预缴土地增值税

1. 土地增值税风险

房地产开发企业将"预收账款"长期挂在"其他应付款",延期预缴土地增值税。

2. 防控之策

第一，房地产开发企业收取的"预收账款"必须与预缴的土地增值税相匹配。

第二，房地产开发企业收取的购房者首付款和银行按揭款，必须在"预收账款"科目入账，而不可以记入"其他应付款"科目。在移交商品房给购房者后，必须将预收账款结转到主营业务收入。

七、分期开发项目内"公共配套设施"建设时间安排

1. 土地增值税风险

房地产分期开发项目内的"公共配套设施"建设时间安排涉及房地产开发企业土地增值税清算问题。

2. 防控之策

当房地产开发企业分期开发项目时，为了节约土地增值税，必须先建设各期项目分摊的"公共配套设施"成本项目，使得各期项目土地增值税清算时可以扣除其分摊的"公共配套设施"成本。

八、收购烂尾楼的收购支出（不含增值税金额）

1. 土地增值税风险

收购烂尾楼的收购支出（不含增值税金额）在土地增

值税清算时加计扣除而少缴纳土地增值税。

2. 防控之策

第一,购入烂尾楼后进行实质性改良或开发,再行转让,收购支出(不含增值税税额)在土地增值税税前扣除,但不可以加计扣除。

第二,收购烂尾楼(在建项目)未进行任何实质性的改良或开发即再行转让的,收购支出(不含增值税税额)在土地增值税税前扣除,但不可以加计扣除。

九、项目内配建公共配套设施无(有)偿移交给政府

1. 土地增值税风险

房地产开发企业项目内配建公共配套设施无(有)偿移交给政府时,进行视同销售处理,致使房地产开发企业多缴纳土地增值税。

2. 防控之策

第一,房地产开发企业项目内建造公共配套设施无偿移交给地方政府的,不视同销售,不征收土地增值税,但其成本、费用可以在土地增值税税前扣除。

第二,房地产开发企业项目内建造公共配套设施有偿移交给地方政府的,依法缴纳土地增值税。

十、代收"基础设施建设费"

1. 土地增值税风险

第一,房地产开发企业将代收的"基础设施建设费"计入房价,在计算土地增值税时,将代收的"基础设施建设费"计入加计扣除以及房地产开发费用的计算基数,从而导致房地产开发企业少缴纳土地增值税。

第二,房地产开发企业代收的"基础设施建设费"虽然没有计入房价并含在开票额中,但是在计算土地增值税时,将其计入土地增值税扣除成本,从而导致了房地产开发企业少缴纳土地增值税。

第三,将房地产开发企业代收的住宅专项维修资金,作为价外费用缴纳增值税,从而导致房地产开发企业多缴纳增值税。

2. 防控之策

第一,销售商品房的实践过程中,购房者支付房款给房地产开发企业,就必须向房地产开发企业索取等额数量的发票,房地产开发企业代收的租房维修基金除外。

第二,如果房地产开发企业直接代收有线电视开户费、管道煤气开户费等"基础设施费用",必须按照价外费用合并到收入中,申报缴纳增值税。

第三,对于县级及县级以上人民政府要求房地产开发企业在售房时代收的"基础设施建设费用"计入房价中向购买方一并收取的,可作为转让房地产所取得的收入计算土地增值税,在计算土地增值税扣除项目金额时,可予以扣除,但不允许作为加计20%扣除的基数。

第四,如果房地产开发企业代收的"基础设施建设费用"未计入房价中,而是在房价之外单独收取的,不作为转让房地产计算土地增值税收入。同时,在计算增值额时不允许扣除代收费用。

土地增值税清算中的"5大税企争议"及其化解之道

一、土地增值税清算单位的确定

1. 税企争议

房地产开发企业认为应以发展和改革委员会批准、核准、备案的立项文件确定的房地产开发项目作为土地增值税的清算单位。但各省税务机关确定的土地增值税清算单位的标准各异。

2. 税企争议化解之道

房地产开发企业应与项目所在地税务机关沟通,熟悉当地省级税务机关下发的有关"土地增值税清算单位"确定的文件,从而确定土地增值税清算单位。如果当地省级税务机关没有下发"土地增值税清算单位"确定的有关文件,则应按照国家税务总局的规定,以发展和改革委员会的立项批文确定清算单位。

二、商铺住宅联体楼土地增值税计算方法

1. 税企争议

商铺住宅联体楼,是指房地产开发企业开发的底层是店铺、店铺上面是普通住宅的开发项目。在进行房地产土地增值税清算时,对于商铺住宅联体楼的土地增值税如何计算,出现了税企争议比较大的两种计算方法:

方法一是先按核算项目整体计算增值额和增值率,确定相应税率后,再按商铺和商铺上面的普通住宅各自的建筑面积占整个项目的建筑面积的比例分别核算各自的增值额,最后计算土地增值税。

方法二是先按商铺和商铺上面的普通住宅各自的建筑面积分别计算增值额与增值率,再分别确定适用税率计算土地增值税。

对于房地产开发企业而言,其出于节税的考虑,倾向于第一种计算方法;对于需要及时完成税收任务的税务机关而言,其更倾向于按照第二种计算方法进行土地增值税计算。

2. 税企争议化解之道

房地产开发企业应积极与税务部门进行沟通,争取税务部门的同意,先按核算项目整体计算增值额和增值率,

确定相应税率后,再按普通住宅和非普通住宅各自的建筑面积占整个项目的建筑面积的比例分别核算各自的增值额,最后计算土地增值税。

三、土地增值税清算后尾房销售的土地增值税计算方法

1. 税企争议

房地产开发企业在土地增值税清算后尾房销售的土地增值税计算应采用以下哪种计算方法:

第一种计算方法:第一步,将尾房销售收入减去允许扣除的开发成本及费用(允许扣除的开发成本及费用＝清算时的单位建筑面积成本费用×销售或转让尾房的面积,其中单位建筑面积成本费用＝清算时的扣除项目总金额÷清算的总建筑面积)以及税金及附加等扣除项目金额,计算出增值额和增值率。第二步,套用现有《土地增值税暂行条例》中规定的适用税率和扣除系数公式计算土地增值税。

第二种计算方法:第一步,确定尾房销售应缴纳的增值额。将尾房销售收入减去允许扣除的开发成本及费用(允许扣除的开发成本及费用＝清算时的单位建筑面积成本费用×销售或转让尾房的面积,其中单位建筑面积成本费用＝清算时的扣除项目总金额÷清算的总建筑面积)以及税金及附加等扣除项目金额,计算出增值额。第二步,

确定整个开发项目的增值率。将尾房销售收入及其对应的开发成本和开发费用分别并入土地增值清算时已经销售开发产品的销售收入及其开发成本和开发费用,计算出增值率。第三步,确定尾房销售应缴纳的土地增值税。通过第一步计算得出的增值额和第二步计算得出的增值率最终计算出尾房销售应缴纳的土地增值税。

2. 税企争议化解之道

当前,在我国现有土地增值税相关政策对"土地增值税清算后尾房销售如何计算土地增值税"的问题没有明确规定的情况下,房地产开发企业应与项目所在地税务部门积极沟通,征求税务部门的同意,选择上述第二种方法计算土地增值税。

四、以转让股权的名义转让房地产是否征收土地增值税

1. 税企争议

关于以转让股权的名义转让房地产,税务机关认为,房地产开发企业必须依法缴纳土地增值税;企业认为,股权转让是企业的股东与股东之间的变动,而不是房地产资产的变动,因此,企业在以房地产投资后转让股权不需要缴纳土地增值税。

2. 税企争议化解之道

企业应提供能证明企业转让股权而不是转让房地产

开发产品的法律证明材料,积极与税务部门沟通协调,不对企业征收土地增值税。

五、土地增值税清算收入是否包含差额增值税

1. 税企争议

税务机关认为,应将差额增值税部分计入土地增值税清算收入。房地产开发企业认为,既不能将差额增值税部分计入土地增值税清算收入,也不能在土地成本中冲减对应差额增值税。

2. 税企争议化解之道

房地产开发企业应依据税法的规定,与当地税务主管部门沟通协商一致:一般纳税人的房地产开发企业销售自行开发的房地产项目适用一般计税方法计税,在实行差额征收增值税政策的情况下,其在土地增值税清算时,既不能将差额增值税部分计入土地增值税清算收入,也不能在土地成本中冲减对应差额增值税。

目录

上篇

土地增值税"20个涉税风险点"及其防控之策

1 "甲供材"成本扣除 ········· 5
   1.1 涉税风险分析 ········· 6
   【案例分析1】 甲房地产开发企业"甲供材"成本扣除的涉税风险分析 ········· 7
   1.2 涉税风险防控之策 ········· 13

2 拆迁补偿(安置)成本分摊扣除 ········· 15
   2.1 涉税风险分析 ········· 16
   【案例分析2】 A房地产公司拆迁成本扣除的涉税风险分析 ········· 18
   2.2 涉税风险防控之策 ········· 20

3 拆迁补偿房 ……………………………………………… 23
3.1 涉税风险分析 …………………………………… 24
3.2 相关税收政策分析 ……………………………… 25
3.3 涉税风险防控之策 ……………………………… 29

4 利息支出 ……………………………………………… 31
4.1 涉税风险分析 …………………………………… 32
【案例分析3】 某房地产开发企业重复扣除利息费用的涉税风险分析 …………… 34
4.2 涉税风险防控之策 ……………………………… 37

5 开发间接费用 ………………………………………… 39
5.1 涉税风险分析 …………………………………… 40
5.2 相关税收政策分析 ……………………………… 41
5.3 企业会计制度规定 ……………………………… 42
5.4 涉税风险防控之策 ……………………………… 43

6 土地成本扣除 ………………………………………… 47
6.1 涉税风险分析 …………………………………… 48
6.2 相关税收政策分析 ……………………………… 49
6.3 母公司中标拿地,项目公司(子公司)开发的涉税风险分析及防控之策 …………… 51
【案例分析4】 房地产公司的土地变更到全资子公司名下进行开发的税务筹划 …… 62

7 装修成本扣除 …… 83
7.1 涉税风险分析 …… 84
7.2 涉税风险防控之策 …… 90

8 土地增值税成本扣除范围 …… 91
8.1 涉税风险分析 …… 92
8.2 涉税风险防控之策 …… 95

9 20年以内使用无产权车库 …… 97
9.1 涉税风险分析 …… 98
9.2 涉税风险防控之策 …… 102

【案例分析5】 某开发项目地下车位分摊开发成本的涉税风险分析 …… 107

10 税收政策运用不当 …… 115
10.1 相关税收政策分析 …… 116
10.2 涉税风险分析 …… 117
10.3 涉税风险防控之策 …… 118

11 材料发票和建筑服务发票 …… 121
11.1 涉税风险分析 …… 122
11.2 相关税收政策分析 …… 124
11.3 涉税风险防控之策 …… 125

12 以房抵工程款 …… 129
12.1 涉税风险分析 …… 130
12.2 "价款明显偏低且不合理"的司法界定 …… 134

12.3　涉税风险防控之策 …………………………… 135

13　只按照发票所载金额确认收入 …………………… 137
13.1　相关税收政策分析 …………………………… 138
13.2　涉税风险分析 ………………………………… 139
13.3　涉税风险防控之策 …………………………… 140

14　预缴土地增值税 …………………………………… 143
14.1　涉税风险分析 ………………………………… 144
14.2　涉税风险防控之策 …………………………… 146

15　预征土地增值税计征依据 ………………………… 147
15.1　预征土地增值税计征依据的选择 …………… 148

【案例分析6】　某房地产开发企业预缴土地增值税的涉税风险分析 ……………………… 150

15.2　涉税风险及其防控之策 ……………………… 152

16　共同成本费用分摊方法 …………………………… 153
16.1　财税依据分析 ………………………………… 154
16.2　涉税风险分析 ………………………………… 156
16.3　不同的共同成本分摊方法的土地增值税差异分析 ………………………………………… 157

【案例分析7】　某房地产公司共同土地成本按照建筑面积法和占地面积法计算的土地增值税差异分析 ……………… 157

【案例分析8】 某房地产公司土地清算扣除项目金额按照建筑面积法和层高系数建筑面积法计算的土地增值税差异分析 …… 160

16.4 涉税风险防控之策 …… 164

17 分期开发项目内"公共配套设施"建设时间安排 …… 167

17.1 相关税收政策分析 …… 168

17.2 涉税风险分析 …… 171

17.3 涉税风险防控之策 …… 173

【案例分析9】 甲房地产开发企业公共配套设施建设时间安排的土地增值税差异分析 …… 173

18 收购烂尾楼的收购支出(不含增值税金额) …… 177

18.1 涉税风险分析 …… 178

18.2 涉税风险防控之策 …… 179

19 项目内配建公共配套设施无(有)偿移交给政府 …… 183

19.1 相关法律分析 …… 184

19.2 涉税风险及其防控之策 …… 188

20 代收"基础设施建设费" …… 191

20.1 代收"基础设施建设费"的业务模式 …… 192

20.2 代收"基础设施建设费"的法务处理 …… 194

20.3 业务模式一的财务处理 …………… 196

20.4 业务模式一的涉税风险及其防控之策
………………………………………… 199

下篇

土地增值税清算中的"5 大税企争议"及其化解之道

21 土地增值税清算单位的确定 …………… 207

21.1 税企争议的焦点 ………………… 208

21.2 涉税分析 ………………………… 210

21.3 税企争议化解之道 ……………… 213

22 商铺住宅联体楼土地增值税计算方法 …… 215

22.1 税企争议的焦点 ………………… 216

22.2 涉税分析 ………………………… 218

【案例分析 10】 某商铺住宅联体楼的两种土地
增值税计算方法的涉税分析 … 222

22.3 税企争议化解之道 ……………… 227

23 土地增值税清算后尾房销售的土地增值税计算方法
………………………………………… 229

23.1　税企争议焦点 …………………… 230

　　23.2　涉税分析 ………………………… 232

　【案例分析11】　土地增值税清算后尾房销售的两种土地增值税计算方法的涉税分析 …………… 233

　　23.3　税企争议化解之道 ……………… 237

24　以转让股权的名义转让房地产是否征收土地增值税 ……………………………………………………… 239

　　24.1　税企争议的焦点 ………………… 240

　　24.2　涉税分析 ………………………… 241

　　24.3　税企争议化解之道 ……………… 246

25　土地增值税清算收入是否包含差额增值税 ……… 247

　　25.1　税企争议焦点 …………………… 248

　　25.2　涉税分析 ………………………… 250

　　25.3　税企争议化解之道 ……………… 255

上篇

土地增值税"20个涉税风险点"及其防控之策

通过实践和调研发现，在土地增值税清算实务中，房地产开发企业存在以下20个典型的土地增值税涉税风险点：

(1)"甲供材"成本扣除。

(2)拆迁补偿(安置)成本分摊扣除。

(3)拆迁补偿房。

(4)利息支出。

(5)开发间接费用。

(6)土地成本扣除。

(7)装修成本扣除。

(8)土地增值税成本扣除范围。

(9)20年以内使用无产权车库。

(10)税收政策运用不当。

(11)材料发票和建筑服务发票。

(12)以房抵工程款。

(13)只按照发票所载金额确认收入。

(14)预缴土地增值税。

(15)预征土地增值税计征依据。

(16）共同成本费用分摊方法。

(17）分期开发项目内"公共配套设施"建设时间安排。

(18）收购烂尾楼的收购支出(不含增值税金额)。

(19）项目内配建公共配套设施无(有)偿移交给政府。

(20）代收"基础设施建设费"。

本篇将采用理论联系实际和举例论证的研究方法,对这20个涉税风险点及其防控之策进行详细分析。

1

"甲供材"成本扣除

1.1 涉税风险分析

"甲供材"成本扣除的涉税风险特征是房地产开发企业重复扣除"甲供材"成本,从而少缴纳土地增值税,构成漏税风险。

根据《营业税改征增值税试点有关事项的规定》(财税〔2016〕36号附件2)第一条第(七)项第二目的规定,<u>甲供工程,是指全部或部分设备、材料、动力由工程发包方自行采购的建筑工程</u>。

在实践中,许多房地产开发企业与建筑施工企业都会签订"甲供材"合同,其重复扣除"甲供材"成本少缴纳土地增值税的操作流程如下:

第一步,房地产开发企业与建筑施工企业签订建筑总承包合同时,"合同价款"条款按照含"甲供材"金额签订合同价。

第二步,在工程决算时,房地产开发企业要求与建筑施工企业按照含"甲供材"金额进行决算,即最后的工程决算价中含有"甲供材"金额。

第三步,建筑施工企业按照含"甲供材"金额向房地产开发企业开具增值税专用发票(建筑施工企业选择一般计税方法计征增值税的情况下)。

第四步,房地产开发企业将建筑施工企业开具的含"甲供材"金额的增值税发票计入"开发成本"。

第五步,房地产开发企业向材料供应商购买"甲供材",将材料供应商开具的材料增值税发票计入"开发成本"。

第六步,房地产开发企业就"甲供材"金额的成本发票,享受两次抵扣增值税进项税额,两次抵扣企业所得税,两次抵扣土地增值税并加计20%扣除。

通过以上六个步骤,房地产开发企业"甲供材"在清算土地增值税时,多扣除了房地产开发成本[加计扣除甲供材成本×(1+20%)]和房地产开发费用[扣除房地产开发费用成本=甲供材成本×(1+10%)]。

案例分析 1

甲房地产开发企业"甲供材"成本扣除的涉税风险分析

一、案例介绍

甲房地产开发企业 2022 年与乙施工企业签订了一份"甲供材"建筑施工合同,合同中的"合同价款"条款约定:不含增值税的合同金额为 1 000 万元(含甲房地产开发企业购买并提供给乙施工企业施工领用的材料,具体领用的材料以双方最后签字确认的结算金额为准），增值税金额为90万元。合同约定：乙施工企业选择一般计税方法计征增值税，向甲房地产开发企业开具9%的增值税发票。

2023年，工程竣工，甲乙双方签字确认的"甲供材"金额为200万元，甲房地产开发企业与乙施工企业决算价为1 090万元，乙施工企业向甲房地产开发企业开具增值税税率为9%，不含增值税金额为1 000万元，增值税金额为90万元的增值税专用发票。甲房地产开发企业向乙施工企业支付工程结算款1 090万元。另外，甲房地产开发企业向丙材料供应商采购200万元（不含增值税金额）材料，丙材料供应商给甲房地产开发企业开具增值税税率为13%的增值税专用发票。甲房地产开发企业记入"开发成本"科目的成本金额是1 200万元（不含增值税金额）。请分析甲房地产开发企业在土地增值税清算中的税收风险及应对策略。

二、涉税风险分析

（1）含"甲供材"金额签订合同的工程结算方法：总额结算法和差额结算法。

根据"甲供材"业务中的"甲供材"金额是否计入工程结算价中，存在总额结算法和差额结算法两种结算

1 "甲供材"成本扣除

法。总额结算法是指发包方房地产开发企业将"甲供材"金额计入工程结算价中的一种结算方法;差额结算法是指发包方房地产开发企业不将"甲供材"金额计入工程结算价中的一种结算方法。在实践中,基于规避税收风险的考虑,房地产开发企业应选择差额结算法,不能采用总额结算法。但是,在工程结算实践中,房地产开发企业都选择总额结算法。

(2) 选择总额结算法的税收风险分析。

第一,发包方房地产开发企业存在的税收风险。

选择总额结算法有以下特征:一是发包方房地产开发企业发出"甲供材"给施工企业使用时,财务上在"预付账款"科目核算,而施工企业领用"甲供材"时,财务上在"预收账款"科目核算;二是发包方房地产开发企业购买的"甲供材"计入施工企业的销售额(或产值)或结算价;三是根据结算价必须等于发票价(发票上的不含增值税销售额和增值税销项税额的总和)的原理,施工企业必须按照含"甲供材"金额的结算额向发包方房地产开发企业开具增值税发票。

基于以上特征,在总额结算法下,本案例中的乙施工企业开给甲房地产开发企业的增值税发票金额 1 000 万元(不含增值税)中含有的"甲供材"金额 200 万元(不含增值税),甲房地产开发企业享受了9%(一般计税项目)的增值税进项税额抵扣。同时,由于"甲供材"是甲房地产开发企业自行向丙材料供应商采购的材料,甲房地产开发企业取得丙材料供应商开具的增值税税率为13%的增值税专用发票200万元(不含增值税),又享受了13%的增值税进项税额抵扣。换句话说,甲房地产开发企业就"甲供材"成本200万元,享受了两次抵扣增值税进项税额、两次抵扣企业所得税、两次抵扣土地增值税并加计20%的扣除。这显然是重复多扣成本,骗取国家税款的行为。

如果甲房地产开发企业要规避以上分析的税收风险,必须就"甲供材"向乙施工企业开具增值税发票,而且房地产开发企业不可以"平价进平价出",而必须按照"甲供材"不含增值税金额的采购价200万元增加10%的金额作为计征增值税的依据,向乙施工企业开具增值税税率为13%的增值税专用发票。但是在实际操作过程中,由于房地产开发企业没有销售材料的经营范围,根本开不出销售材料的增值税发票给施工企业。也就是说,在实际操作过程中,房地产开发企业将"甲供材"视同销售向施工企业开具增值税发票是行不通的。即使行得通,房地产开发企业采购的"甲供材"享受抵扣的增值税进项税额,被视同销售产生的增值税销项税额抵消了,没有实际意义。

第二,施工企业存在的税收风险。

在总额结算法下,本案例中的乙施工企业没有"甲供材"200万元(不含增值税)的成本发票(因"甲供材"成本发票200万元在甲房地产开发企业进行成本核算时计入"开发成本"),"甲供材"发生的200万元成本发票必须由材料供应商依法开具给房地产开发企业,房地产开发企业进行成本核算时计入"开发成本"。

由于乙施工企业没有"甲供材"200万元(不含增值税)的成本发票,只有"甲供材"的领料清单,在企业所得税税前能否扣除?依据《中华人民共和国企业所得税法》第八条的规定,"甲供材"是施工企业实际发生的与施工企业收入直接相关的成本支出,是完全可以在企业所得税税前扣除的。

但是不少地方税务执法人员依据"唯发票论",没有发票就不可以在企业所得税税前进行扣除,由于施工企业与税务执法人员存在沟通不畅的问题,在成本入账凭证上,没有发票,只有"甲供材"的领料清单凭证,税务主管当局不同意凭"甲供材"领料清单在企业所得税税前扣除,从而导致施工企业多缴纳企业所得税。

(3) 含"甲供材"金额签订合同无税收风险的工程结算法——差额结算法。

按照含"甲供材"金额签订合同的"甲供工程"的差额结算法具有以下特征：

第一，甲房地产开发企业购买的"甲供材"200万元（不含增值税）不计入乙施工企业的销售额（或产值）和结算价。

第二，乙施工企业按照不含"甲供材"的工程结算额800万元（不含增值税）向甲房地产开发企业开具增值税发票。

第三，甲房地产开发企业发出材料给乙施工企业使用时，财务上在"开发成本——材料费用"科目核算，而乙施工企业领用"甲供材"时，财务上不进行账务处理。

基于以上特征，甲房地产开发企业凭借乙施工企业开具的800万元（不含增值税）和丙材料供应商开具的200万元（不含增值税）增值税发票计入开发成本，分别享受抵扣9%和13%的增值税进项税额，没有多抵扣税金，乙施工企业也没有多缴纳税金的风险。

1.2 涉税风险防控之策

基于税务机关在税务稽查过程中要重点稽查房地产开发企业"甲供材"业务中重复扣除"甲供材"成本少缴纳增值税、企业所得税和土地增值税问题的考虑,通过以上案例分析,房地产开发企业"甲供工程"涉税风险防控之策如下:

(1) 在含"甲供材"金额签订建造施工总承包合同的情况下,必须在建造施工总承包合同中的"工程款结算与支付"条款中约定,施工企业与房地产开发企业在工程结算时绝对不能采用总额结算法,而应采用差额结算法。

(2) 房地产开发企业在做工程造价时,"甲供材"金额含在工程总造价中,但与施工企业签订建造施工总承包合同时,合同总价不含"甲供材"金额。

2

拆迁补偿（安置）成本分摊扣除

2.1 涉税风险分析

2.1.1 涉税风险的表现特征

多个开发项目共同发生的拆迁补偿(安置)成本,没有按照开发项目正确分摊,从而导致先开发的项目少缴纳土地增值税,后开发的项目多缴纳土地增值税,没有按照土地增值税的纳税义务发生时间缴纳税款。

2.1.2 拆迁补偿(安置)成本分摊依据分析

多个开发项目共同发生的拆迁补偿(安置)成本,在各个开发项目清算土地增值税时的分摊依据分析如下。

《国家税务总局关于房地产开发企业土地增值税清算管理有关问题的通知》(国税发〔2006〕187号)第四条第(五)项规定,属于多个房地产项目共同的成本费用,应按清算项目可售建筑面积占多个项目可售总建筑面积的比例或其他合理的方法,计算确定清算项目的扣除金额。

国税发〔2006〕187号文件第一条规定,土地增值税以国家有关部门审批的房地产开发项目为单位进行清算,对

2 拆迁补偿(安置)成本分摊扣除

于分期开发的项目,以分期项目为单位清算;开发项目中同时包含普通住宅和非普通住宅的,应分别计算增值额。

基于以上税收政策的规定,土地增值税是以开发项目为清算单位的,不同清算单位发生的成本费用不得相互抵减。因此,对于属于多个清算单位发生的共同成本费用,要在各清算单位之间按一定标准进行合理分配或分摊。

分摊方法通常有如下三种:一是占地面积法,按转让土地使用权面积占可转让土地总面积的比例计算分摊;二是建筑面积法,按转让的建筑面积占总建筑面积的比例计算分摊;三是税务机关确认的其他方式。

因此,拆迁补偿(安置)成本还应当在同一个开发项目中的已销售商品房与未销售商品房之间进行分摊或分配。在土地增值税清算时,本次允许扣除项目金额可以采用已售面积百分比法或单位成本法计算。

已售面积百分比法:

$$\text{本次允许扣除项目金额} = \text{允许扣除项目总金额} \times \frac{\text{已售建筑面积}}{\text{可售总建筑面积}}$$

单位成本法:

$$\text{本次允许扣除项目金额} = \text{已售建筑面积} \times \frac{\text{允许扣除项目总金额}}{\text{可售总建筑面积}}$$

案例分析 2
A 房地产公司拆迁成本扣除的涉税风险分析

一、案例介绍

某市 A 房地产公司于 2018 年一次性征地 100 000 平方米，计划在该宗土地上分五期开发商品房 20 栋，所开发商品房总建筑面积为 5 000 000 平方米。其中，第一期开发工程占地面积为 10 000 平方米，开发的商品房总建筑面积为 200 000 平方米，已销售建筑面积为 190 000 平方米，其中 30 套商品房用于补偿被拆迁户，市场价值 600 万元。A 房地产公司在土地增值税清算时，将以实物方式支付的拆迁补偿费全部在第一期开发项目中扣除，请分析 A 房地产公司土地增值税清算中扣除的拆迁补偿（安置）成本是否正确。

二、涉税风险分析

本案例中的 A 房地产公司将 600 万元的拆迁补偿费在第一期的开发项目中一次性扣除显然是不符合国税发〔2006〕187 号文件的规定的。理由如下：

第一，根据国税发〔2006〕187 号文件第四条第（五）项的规定，600 万元的拆迁补偿费是该宗土地上分五期开发的 20 栋商品房发生的共同拆迁成本，应按五期清算项目的各期可售建筑面积占五期项目可售总建筑面积的比例或其他合理的方法计算确定各期清算项目的拆迁成本扣除金额。

第二,根据国税发〔2006〕187号文件第一条的规定,该宗土地五期开发项目必须分五期确定土地增值税清算单位。

因此,本案例中第一期开发项目分摊拆迁补偿(安置)成本的正确计算方法如下:

第一,确定应分摊的清算单位。因为该宗土地分五期开发,所以应当是五个清算单位。

第二,确定总建筑面积。五期开发项目的总建筑面积为5 000 000平方米。

第三,确定第一期开发项目应分摊的实物还建成本或拆迁补偿(安置)成本[600÷5 000 000×200 000 = 24(万元)]。

第四,确定第一期开发项目已销售建筑面积应分摊的实物还建成本或拆迁补偿(安置)成本[24÷200 000×190 000 = 22.8(万元)]。

通过以上共同拆迁成本分摊分析,该房地产公司第一期开发项目提前多扣除了577.2万元(600－22.8)拆迁成本,使第一期开发项目少缴纳了土地增值税。

2.2 涉税风险防控之策

多个开发项目共同发生的拆迁补偿（安置）成本的涉税风险防控之策如下：

第一，将拆迁补偿（安置）房视同销售的市场价格确认收入，在多个开发项目按照一定比例进行分配。

第二，拆迁补偿（安置）成本（如果是安置房，则按照安置房的视同销售的市场价值；如果是现金补偿，则按照现金补偿费用）的分摊方法通常有如下三种：一是占地面积法，按转让土地使用权面积占可转让土地总面积的比例计算分摊；二是建筑面积法，按转让的建筑面积占总建筑面积的比例计算分摊；三是税务机关确认的其他方式。

第三，将分配到每一期项目的拆迁补偿（安置）成本，在已销售商品房与未销售商品房之间进行分摊或分配。在土地增值税清算时，本次允许扣除项目金额可以采用已售面积百分比法或单位成本法计算。

已售面积百分比法：

$$\text{本次允许扣除项目金额} = \text{允许扣除项目总金额} \times \frac{\text{已售建筑面积}}{\text{可售总建筑面积}}$$

2 拆迁补偿(安置)成本分摊扣除

单位成本法：

$$\text{本次允许扣除项目金额} = \text{已售建筑面积} \times \frac{\text{允许扣除项目总金额}}{\text{可售总建筑面积}}$$

3

拆迁补偿房

3.1 涉税风险分析

拆迁补偿房的土地增值税风险主要体现在以下两方面：

第一，少缴纳土地增值税风险。房地产开发企业未将拆迁补偿房进行"视同销售"处理，从而在土地增值税清算申报时，没有把实物还建的房产确认为土地增值税的应税收入，从而少缴土地增值税。

第二，多缴纳土地增值税风险。房地产开发企业没有以拆迁补偿房视同销售的市场价值确认为拆迁补偿房置换被拆迁人土地及其地上建筑物的交换成本，致使房地产开发企业在土地增值税清算时少扣除成本，从而多缴纳土地增值税。

3.2 相关税收政策分析

《国家税务总局关于房地产开发企业土地增值税清算管理有关问题的通知》(国税发〔2006〕187号)第三条第(一)项规定,房地产开发企业将开发产品用于职工福利、奖励、对外投资、分配给股东或投资人、抵偿债务、换取其他单位和个人的非货币性资产等,发生所有权转移时应视同销售房地产,其收入按下列方法和顺序确认:①按本企业在同一地区、同一年度销售的同类房地产的平均价格确定;②由主管税务机关参照当地当年、同类房地产的市场价格或评估价值确定。

在对实物还建房产收入的确定上,《土地增值税清算鉴证业务准则》(国税发〔2007〕132号印发)第二十三条规定,纳税人将开发的房地产用于职工福利、奖励、对外投资、分配给股东或投资人、抵偿债务、换取其他单位和个人的非货币性资产等,发生所有权转移时应视同销售房地产,其视同销售收入按下列方法和顺序审核确认:①按本企业当月销售的同类房地产的平均价格核定;②按本企业在同一地区、同一年度销售的同类房地产的平均价格确认;③参照当地当年、同类房地产的市场价格或评估价值确认。

因此，基于以上税收政策的规定，房地产开发企业实物还建的房产应"视同销售"，应按照市场公允价值或评估价值确认为销售不动产收入，并入土地增值税收入依法缴纳土地增值税。

那么，拆迁补偿房的价值，或者说，拆迁补偿房置换被拆迁人土地建筑物的交换成本该如何确定？

有人认为，房地产开发企业付出的代价是建筑成本，所以，实物还建的补偿价值应以房地产开发企业所置换的商品房的建筑造价来确认。

笔者认为，房地产开发企业以房产换取被拆迁方的房产或土地，用于安置的房产与换取被拆迁方的房产或土地属于对价关系，因此房地产开发企业用于安置被拆迁户的新房的市场价值才是房地产开发企业为获取被拆迁房的房产或土地而付出的代价。新房的市场价值显然不是房屋的建筑造价。如果以拆迁补偿房（开发的新房）的建造成本作为房地产开发企业置换被拆迁人的房产或土地的价值，房地产开发企业在计算土地增值税时，则少扣除了"开发成本——土地征用及拆迁补偿费"的成本，从而致使房地产开发企业多缴纳了土地增值税。

但房地产开发企业用于实物还建的房产的公允价值

应如何确定?

《国家税务总局关于土地增值税清算有关问题的通知》(国税函〔2010〕220号)第六条"关于拆迁安置土地增值税计算问题"规定如下:

(1) 房地产开发企业用建造的本项目房地产安置回迁户的,安置用房视同销售处理,按国税发〔2006〕187号文件第三条第(一)项规定确认收入,同时将此确认为房地产开发项目的拆迁补偿费。房地产开发企业支付给回迁户的补差价款,计入拆迁补偿费;回迁户支付给房地产开发企业的补差价款,应抵减本项目拆迁补偿费。

(2) 房地产开发企业采取异地安置,异地安置的房屋属于自行开发建造的,房屋价值按国税发〔2006〕187号文件第三条第(一)项的规定计算,计入本项目的拆迁补偿费;异地安置的房屋属于购入的,以实际支付的购房支出计入拆迁补偿费。

(3) 货币安置拆迁的,房地产开发企业凭合法有效凭据计入拆迁补偿费。

《国家税务总局关于营改增后土地增值税若干征管规定的公告》(国家税务总局公告2016年第70号)第二条规定,纳税人将开发产品用于职工福利、奖励、对外投资、分配给股东或投资人、抵偿债务、换取其他单位和个人的非货币性资产等,发生所有权转移时应视同销售房地产,其收入应按照国税发〔2006〕187号文件第三条规定执行。纳税人安置回迁户,其拆迁安置用房应税收入和扣除项目的确认,应按照国税函〔2010〕220号文件第六条规定执行。

基于以上税收政策的规定,<u>房地产开发企业用于换取被拆迁人房产和土地的实物还建房产的公允价值</u>,在财务上计入"开发成本——土地征用及拆迁补偿费",在房地产开发企业计算土地增值税时扣除。其确认技巧如下:

(1) 房地产开发企业用建造的本项目房地产安置回迁户的,安置用房视同销售处理,按国税发〔2006〕187号文件第三条第(一)项规定确认收入,同时将此视同销售收入确认为房地产开发项目的拆迁补偿费。

(2) 房地产开发企业采取异地安置,异地安置的房屋属于自行开发建造的,房屋价值按国税发〔2006〕187号文件第三条第(一)项规定计算,计入本项目的拆迁补偿费;异地安置的房屋属于购入的,以实际支付的购房支出计入拆迁补偿费。

3.3 涉税风险防控之策

拆迁补偿房涉税风险防控之策如下：

第一，房地产开发企业实物还建的房产应"视同销售"，按照市场公允价值或评估价值确认为销售不动产收入，并入土地增值税收入依法缴纳土地增值税。

第二，<u>房地产开发企业用于换取被拆迁人房产和土地的实物还建房产的公允价值</u>，不可以按照拆迁房的建造成本确认，必须按照其视同销售的市场价值确认，然后在财务上计入"开发成本——土地征用及拆迁补偿费"，在房地产开发企业计算土地增值税时扣除。

第三，异地安置的房屋属于购入的，以实际支付的购房支出计入拆迁补偿费。

第四，<u>房地产开发企业用于换取被拆迁人房产和土地的实物还建房产的公允价值</u>，计入"开发成本——土地征用及拆迁补偿费"，必须按照共同发生的费用，在不同开发期项目按照一定的比例进行分摊［详见本书上篇第二章"拆迁补偿（安置）成本分摊扣除"的涉税风险防控之策］。

4

利息支出

4.1 涉税风险分析

<u>利息支出的涉税风险特征是在土地增值税清算时,没有将平常会计核算计入"房地产开发成本——开发间接费用——利息费用"的利息支出调整至财务费用中计算扣除,从而导致房地产开发企业少缴纳土地增值税。</u>

《国家税务总局关于土地增值税清算有关问题的通知》(国税函〔2010〕220号)第三条第(四)项规定,土地增值税清算时,已经计入房地产开发成本的利息支出,应调整至财务费用中计算扣除。

《土地增值税清算鉴证业务准则》(国税发〔2007〕132号印发)第三十五条第(八)项规定,在计算加计扣除项目基数时,审核是否剔除了已计入开发成本的借款费用。

基于以上两个税收政策文件规定,房地产开发企业计入开发成本的借款费用或利息支出,在进行土地增值税清算时,应调整至财务费用中计算扣除。

《企业会计准则第17号——借款费用》(财会〔2006〕3号印发)中关于借款费用资本化的原则不适用于土地增值税清算,对于已经计入房地产开发成本的利息支出,土地增值税清算时应调整至财务费用中计算扣除。土地增值税中利息支出处理原则与会计核算、企业所得税处理有很大区别。

根据《房地产开发经营业务企业所得税处理办法》(国税发〔2009〕31号印发)的规定,企业为建造开发产品借入资金而发生的符合税收规定的借款费用,可按企业会计准则的规定进行归集和分配,其中属于财务费用性质的借款费用,可直接在税前扣除。<u>在账务核算方面</u>,房地产开发企业设置"开发成本——开发间接费用——利息费用"科目,该科目核算房地产开发企业在开发过程中发生的借款利息费用,即房地产开发企业开发过程中发生的贷款或借款利息,在会计核算时,必须进行资本化处理。而在土地增值税清算计算房地产开发费用时,应先调减开发成本中的资本化利息,而后与财务费用中的利息支出加总,再适用国税函〔2010〕220号文件规定的计算方法进行税务处理。

根据以上税收政策文件的规定,房地产开发企业在计算土地增值税时应将利息费用的扣除与其他开发费用的扣除结合起来分析,具体有以下两种税务处理。

第一种:凡能够按转让房地产项目计算分摊并提供金融机构证明的,允许据实扣除,但最高不能超过按商业银行同类同期贷款利率计算的金额。其他房地产开发费用,按照"(取得土地使用权所支付的金额＋房地产开发成本)×5%"计算扣除。

第二种：凡不能按转让房地产项目计算分摊利息支出或不能提供金融机构证明的，房地产开发费用(财务费用＋销售费用＋管理费用)按"(取得土地使用权所支付的金额＋房地产开发成本)×10%"计算扣除。

由于上述两种税务处理的公式的"房地产开发成本"含有平常会计核算中发生的"房地产开发成本——开发间接费用——利息费用"金额，如果房地产开发企业在计算土地增值税时，没有将平常会计核算中计入"房地产开发成本——开发间接费用——利息费用"的金额调整至财务费用中计算扣除，就会导致重复扣除利息费用，从而造成少缴纳土地增值税。

案例分析3
某房地产开发企业重复扣除利息费用的涉税风险分析

一、案例介绍

某房地产开发企业某项目取得土地使用权的成本为5 000万元，房地产开发成本为3 000万元，其中"开发成本——开发间接费用"中利息支出为50万元，"财务费用——利息支出"为20万元。假设发生的利息费用能够按转让房地产项目计算分摊并提供金融机构证明,则该房地产开发企业在土地增值税清算时,扣除的利息费用和其他开发费用=(50+20)+(5 000+3 000)×5%=470(万元)。假设发生的利息费用不能按转让房地产项目计算分摊利息支出或不能提供金融机构证明,则该房地产开发企业在土地增值税清算时,扣除的利息费用和其他开发费用=(5 000+3 000)×10%=800(万元)。请分析该房地产开发企业以上有关利息和其他开发费用的税务处理是否正确。

二、涉税风险分析

根据国税函〔2010〕220号文件第三条第(四)项的规定,土地增值税清算时,已经计入房地产开发成本的利息支出,应调整至财务费用中计算扣除。基于此规定,该房地产开发企业计入土地增值税扣除项目的房地产开发成本为2 950万元(3 000-50)。

凡能够按转让房地产项目计算分摊并提供金融机构证明的,按照第一种方式计算,可扣除的房地产开发费用=(50+20)+(5 000+3 000-50)×5%=467.5(万元)。因此,此情形下,该房地产开发企业多扣除利息和其他开发费用成本2.5万元(470-467.5),以此来少缴纳土地增值税。

凡不能按转让房地产项目计算分摊利息支出或不能提供金融机构证明的,按照第二种方式计算,可扣除房地产开发费用 = (5 000 + 3 000 - 50) × 10% = 795(万元)。因此,此情形下,该房地产开发企业多扣除利息和其他开发费用成本 5 万元(800 - 795),以此来少缴纳土地增值税。

4.2 涉税风险防控之策

房地产开发企业计入开发成本的借款费用或利息支出,在进行土地增值税清算时,需要剔除,应将其调整至财务费用中计算扣除。

5

开发间接费用

5.1 涉税风险分析

开发间接费用在土地增值税清算中的涉税风险是<u>扩大"开发间接费用"的扣除范围从而导致房地产开发企业少缴纳土地增值税</u>。

计入开发成本核算的开发间接费用在土地增值税计算时可以作为加计 20% 扣除的基数,因此,扩大开发间接费用的扣除范围能达到增加土地增值税的扣除成本、少缴纳土地增值税的目的。

在房地产开发企业土地增值税清算时,依照税法的规定,允许扣除的开发间接费用有一定的范围界定。房地产开发企业在会计核算中的开发间接费用的范围比土地增值税清算中允许扣除的开发间接费用的范围更广。如果房地产开发企业按照会计核算中的开发间接费用在土地增值税清算中进行扣除,显然是多扣除成本,该企业将少缴纳土地增值税。因此,税务征管部门要审查房地产开发企业在土地增值税清算时,是否存在多扣除开发间接费用的问题。

5.2 相关税收政策分析

《中华人民共和国土地增值税暂行条例实施细则》(以下简称《土地增值税暂行条例实施细则》)第七条规定,开发间接费用,是指直接组织、管理开发项目发生的费用,包括工资、职工福利费、折旧费、修理费、办公费、水电费、劳动保护费、周转房摊销等。

基于此规定,房地产开发企业的开发间接费用是为直接组织、管理开发项目所发生的八项费用:工资、职工福利费、折旧费、修理费、办公费、水电费、劳动保护费、周转房摊销。如果发生不属于这八项费用但与直接组织和管理项目有关的其他费用,如与项目相关的职工教育经费、通信费、交通差旅费、租赁费、管理服务费、样板间支出、利息支出、保安服务费等,在进行土地增值税清算时能否扣除,要视具体情况而定。

5.3 企业会计制度规定

在会计核算时,房地产开发企业通常把《土地增值税暂行条例实施细则》所规定的八项费用和与开发项目相关的其他费用如职工教育经费、通信费、交通差旅费、租赁费、管理服务费、样板间支出、利息支出、保安服务费等,都计入开发间接费用核算。

<u>因此,房地产开发企业在会计核算中的开发间接费用的范围比土地增值税清算中允许扣除的开发间接费用的范围更广。</u>

5.4 涉税风险防控之策

以下八项费用在土地增值税清算中的处理需要特别关注：

(1) 样板间装修费支出的处理：视具体情况而定。

第一，租用房屋装修为样板间，其装修支出应计入销售费用核算，不能在土地增值税税前扣除。

第二，开发商品房装修为样板间，并在以后年度销售的情况下，其装修费支出与销售精装修商品房核算一致，应计入开发成本核算。在销售时，其可在土地增值税税前扣除。

第三，开发商品房装修为样板间，在以后年度不销售而是作为固定资产入账的情况下，相关的装修费应计入固定资产，其折旧应作为期间费用入账，其可在土地增值税税前扣除。

综合以上分析，样板间装修费支出只有在销售完成后，才能确定是否可以在土地增值税税前扣除。

(2) 周转房摊销的处理：可以在土地增值税税前扣除。

周转房摊销，是指将开发商品或自有房屋用于安置拆迁户的摊销费或折旧费,在实践中,是指房地产开发企业租用房屋安置拆迁户所支付的房屋租金,以及租用房屋根据拆迁户的要求进行装修、工程改造、布线等所发生的支出。这些费用应计入"开发成本——开发间接费用——周转房摊销",可以在土地增值税税前扣除。

(3) 项目管理人员工资及福利费:可以在土地增值税税前扣除。

房地产开发企业支付给直接组织、管理项目的人员的工资及福利费,在提供项目管理人员名单及劳务合同的情况下,可以在土地增值税税前扣除。但列支规划部、采购部、预算部、保安部等部门人员的工资及福利费,一般不可以作为开发间接费用在土地增值税税前扣除。

(4) 通信费:视具体情况而定。

项目工程部安装电话,发生的电话费可以作为其他开发间接费用列支,但项目管理人员报销的手机费,因难以确认其与项目直接相关,不能列支在开发间接费用中在土地增值税税前扣除。

(5) 交通差旅费支出:视具体情况而定。

项目管理人员乘坐出租车等发生的交通费可以列支在开发间接费用中,但报销的私车加油费,因难以确认其与项目直接相关,不能列支在开发间接费用中在土地增值税税前扣除。

(6) 保安服务费:视具体情况而定。

项目公司与保安公司签订的保安服务费,主要判断其是否直接与项目管理有关。如果有关,则可以计入开发间接费用,如果无关,则不能计入开发间接费用。

(7) 模型制作费:不可以在土地增值税税前扣除。

一般模型是为销售而制作的,属于销售费用,不能计入开发间接费用。因此,其不可以在土地增值税税前扣除。

(8) 职工教育经费和业务招待费:不可以在土地增值税税前扣除。

按会计制度相关规定,职工教育经费和业务招待费不能直接归集于开发产品的成本。它们被作为期间费用核算,其原理与印花税税收处理一致。因此,它们不可以在土地增值税税前扣除。

6

土地成本扣除

6.1　涉税风险分析

实践中，房地产开发企业在计算土地增值税时，提供的不合法、不合规的土地成本凭证主要有三类：一是土地评估价值报告；二是母公司中标土地，成立项目公司（子公司）开发，提供母公司抬头的土地出让收据；三是自然人中标土地，成立公司开发，提供自然人（往往是后成立的开发公司的股东或老板）抬头的土地出让收据。因此，房地产开发企业在进行土地增值税清算时，其土地成本存在的涉税风险主要体现为：房地产开发企业以不合法、不合规的土地成本凭证作为土地成本的财务核算依据，在土地增值税清算时，多扣土地成本，从而少缴纳土地增值税。

6.2 相关税收政策分析

6.2.1 税收政策依据

根据《土地增值税暂行条例实施细则》第七条第(一)项的规定,房地产开发企业在计算土地增值税允许扣除的取得土地使用权所支付的金额,是指纳税人为取得土地使用权所支付的地价款和按国家统一规定缴纳的有关费用。

根据《房地产开发企业销售自行开发的房地产项目增值税征收管理暂行办法》(国家税务总局公告 2016 年第 18 号发布)第五条第四款、第六条和《国家税务总局关于房地产开发企业土地增值税清算管理有关问题的通知》(国税发〔2006〕187 号)第四条第(一)项的规定,支付的土地价款,是指向政府、土地管理部门或受政府委托收取土地价款的单位直接支付的土地价款。扣除取得土地使用权所支付的金额须提供合法有效凭证,不能提供合法有效凭证的,不得在土地增值税税前扣除,而支付的土地价款应当取得省级以上(含省级)财政部门监(印)制的财政票据。

6.2.2 税务要求

根据以上税收政策的规定,房地产开发企业在计算土地增值税时,允许在土地增值税税前扣除土地成本的税务要求是必须取得省级以上(含省级)财政部门监(印)制的财政票据。

因此,为了少缴纳土地增值税,不少房地产开发企业聘请资产评估事务所对土地进行评估,然后以评估报告中的土地评估价值计入"开发成本——土地成本";或者母公司中标土地,成立项目公司(子公司)开发,提供母公司抬头的土地出让收据,项目公司(子公司)在土地增值税清算时进行扣除;或者自然人中标土地,成立公司开发,提供自然人(往往是后成立的开发公司的股东或老板)抬头的土地出让收据,开发公司在土地增值税清算时进行扣除。

这三种不合法、不合规的土地成本扣除依据,显然不符合以上税收政策关于土地成本扣除依据的规定。

6.3 母公司中标拿地,项目公司(子公司)开发的涉税风险分析及防控之策

如上所述,房地产开发企业在计算土地增值税时,提供的不合法、不合规的土地凭证主要有三类,本小节仅对房地产母公司中标拿地,项目公司(子公司)开发这一类进行涉税风险分析,并给出防控之策。

6.3.1 母公司中标拿地,项目公司(子公司)开发的涉税分析

在实践中,房地产开发企业拿地开发存在以下两种情形:

第一种情形是,母公司已经中标拿地,母公司与土地管理部门签订《国有土地使用权出让协议》,并缴纳土地出让金,取得土地出让金合规票据入账,但是还没有取得国有土地使用权证书,然后母公司拟在项目所在地设立全资子公司或项目公司对该土地进行开发。

第二种情形是,母公司已经中标拿地,母公司与土地管理部门签订《国有土地使用权出让协议》,并缴纳土地出

让金,取得土地出让金合规票据入账,并取得国有土地使用权证书,然后母公司拟在项目所在地设立全资子公司或项目公司对该土地进行开发。

以上两种开发情形的涉税风险分析如下。

6.3.1.1 第一种情形的涉税风险分析

母公司在中标拿地时,土地出让金是母公司出的,国土部门开具的土地出让金行政事业收据上的抬头是母公司的名称,而不是之后成立的项目公司(子公司)的名称。之后成立的项目公司(子公司)对母公司中标地块进行立项和开发的前提条件是,母公司中标地块的土地使用权必须过户或变更到项目公司(子公司)名下。虽然国有土地使用权证书在国土部门的配合下过户到母公司成立的项目公司(子公司)名下,但是国土部门是将土地出让金收据开给母公司,而不是开给拟成立开发该土地的项目公司(子公司)。因此,房地产公司存在以下税收风险:<u>项目公司(子公司)在计算土地增值税、增值税和企业所得税时,将面临不能扣除的问题,这会使项目公司(子公司)的税收成本增加</u>。

6.3.1.2 第二种情形的涉税风险分析

第一,法律风险。母公司将其中标土地过户到其拟成<u>立的项目公司(子公司)进行开发,是一种违法行为</u>。

母公司取得国有土地使用权证书,在法律上,母公司拥有该国有土地使用权。母公司支付土地出让金并获得合规票据,必须在母公司计入土地成本。母公司将其中标土地过户到其设立的全资子公司或项目公司是一种土地使用权转让行为,会面临一定的法律风险。

根据《中华人民共和国城市房地产管理法》第三十九条的规定,以出让方式取得土地使用权的,转让房地产时,应当符合下列条件:①按照出让合同约定已经支付全部土地使用权出让金,并取得土地使用权证书;②按照出让合同约定进行投资开发,属于房屋建设工程的,完成开发投资总额的25%以上,属于成片开发土地的,形成工业用地或者其他建设用地条件。

基于此规定,母公司对中标拿的属于房屋建设工程的土地没有投入任何资金进行开发,或虽投入资金进行开发,但投资额达不到开发投资总额的25%以上,母公司就不可以将该土地使用权转让到其项目公司(子公司)名下,让项目公司(子公司)进行开发。如果母公司违反规定转让土地使用权,根据《中华人民共和国城市房地产管理法》第六十六条的规定,由县级以上人民政府土地管理部门没收违法所得,可以并处罚款。

<u>第二,税收风险。</u>母公司转让国有土地将承受较重的

税收负担。

如果母公司对其中标的土地进行投资开发,投资超过投资总额的25%,则意味着母公司投资的不再是单纯的土地使用权,而是在建工程或在建项目,应按照不动产转让来缴纳增值税、土地增值税和企业所得税。但是这样一来,母公司就会面临税收成本增加的风险。

根据《土地增值税宣传提纲》(国税函发〔1995〕110号印发)第六条第(二)项的规定,对取得土地使用权后投入资金,将生地变为熟地转让的,计算其增值额时,允许扣除取得土地使用权时支付的地价款、缴纳的有关费用、开发土地所需成本再加计开发成本的20%以及在转让环节缴纳的税金。

基于此规定,如果母公司对其中标土地进行投资开发,投资额超过投资总额的25%,转让到其项目公司(子公司)名下,土地增值税加计20%扣除时不可以扣除土地成本,母公司将承受较重的土地增值税负担。

6.3.2 母公司中标拿地,项目公司(子公司)开发的防控之策

6.3.2.1 第一种情形的税务筹划

1) 政策依据分析

第一,根据《招标拍卖挂牌出让国有土地使用权规范(试行)》(国土资发〔2006〕114号印发)中"10.2 申请"中"(6)申请人竞得土地后,拟成立新公司进行开发建设的,应在申请书中明确新公司的出资构成、成立时间等内容。出让人可以根据招标拍卖挂牌出让结果,先与竞得人签订《国有土地使用权出让合同》,在竞得人按约定办理完新公司注册登记手续后,再与新公司签订《国有土地使用权出让合同变更协议》;也可按约定直接与新公司签订《国有土地使用权出让合同》"的规定,土地竞得人在提交的《投标(竞买)申请书》中约定成立新公司进行开发建设,并明确新公司的出资构成、成立时间等内容,在竞得人按约定成立新公司后,出让人与新公司签订《国有土地使用权出让合同变更协议》,以新公司名义受让国有土地使用权的,视同出让人将土地使用权直接出让给新公司,按出让国有土地使用权缴交有关税款;否则,属于土地竞得人受让国有土地使用权后再将国有土地使用权转让至新公司的行为,应按转让国有土地使用权缴交有关税款。

第二,《财政部 国家税务总局关于明确金融 房地产开发 教育辅助服务等增值税政策的通知》(财税〔2016〕140号)第八条规定,房地产开发企业(包括多个房地产开发企业组成的联合体)受让土地向政府部门支付土地价款后,设立项目公司对该受让土地进行开发,同时符合下列条件的,可由项目公司按规定扣除房地产开发企业向政府部门支付的土地价款:①房地产开发企业、项目公司、政府部门三方签订变更协议或补充合同,将土地受让人变更为项目公司;②政府部门出让土地的用途、规划等条件不变的情况下,签署变更协议或补充合同时,土地价款总额不变;③项目公司的全部股权由受让土地的房地产开发企业持有。

笔者特别提醒,在适用该文件的规定时,必须注意以下四点:一是以上三个条件必须同时满足,否则项目公司(子公司)不可以扣除房地产开发企业向政府部门支付的土地价款。二是如果存在多个房地产开发企业组成的联合体一起中标拿地的情况,则项目公司(子公司)的全部股权必须由参与中标土地的多个房地产开发企业组成的联合体共同持有。只要一家房地产开发企业参与中标拿地,则项目公司(子公司)的全部股权即100%的股权,必须由参与中标土地的这家房地产开发企业持有。三是如果出现自然人中标拿地,然后拟成立独立法人的公司开发该自然人中标的土地,只要符合《招标拍卖挂牌出让国有土地使用权规范(试行)》(国土资发〔2006〕114号印发)"10.2申请"中第(6)项的规定,就不视同该自然人转让该土地到其成立的公司名下,该自然人也不缴纳任何税收。四是关于房地产母公司支付土地出让金,国土部门向房地产母公司开具的抬头为房地产母公司的土地出让金行政事业收据或非税收入缴款书,能否在项目公司(子公司)列支作成本入账,项目公司(子公司)能否在计算增值税、土地增值税和企业所得税税前扣除的问题,只要其符合《招标拍卖挂牌出让国有土地使用权规范(试行)》(国土资发〔2006〕114号印发)"10.2申请"中第(6)项的规定,就视同国土部门出让土地给项目公司(子公司)。根据财税〔2016〕140号文件第八条的规定以及"实质重于形式"的原则,国土部门向房地产母公司开具抬头为房地产母公司的土地出让金行政事业收据或非税收入缴款书可以在项目公司(子公司)作为成本入账,在计征增值税时进行抵扣,在企业所得税税前扣除,但在计算土地增值税时能否扣除没有法律依据。

2)最优税务筹划方法

<u>最优税务筹划方法:通过《投标(竞买)申请书》中的约定条款进行税务筹划,规避税收风险。</u>

第一,房地产母公司(土地竞得人)在向国土部门提交的《投标(竞买)申请书》中约定以下内容:①拟成立项目公

司(子公司)进行开发建设;②拟成立项目公司(子公司)的出资构成、成立时间;③母公司代替拟成立项目公司(子公司)垫付土地出让金,土地出让金的收据等到项目公司(子公司)注册成立后直接开到子公司名下。

第二,与国土部门协商一致,根据招标挂牌出让结果,国土部门先与母公司签订《国有土地使用权出让合同》,在母公司办理完项目公司(子公司)注册登记手续后,再与项目公司(子公司)签订《国有土地使用权出让合同变更协议》;或者约定国土部门直接与项目公司(子公司)签订《国有土地使用权出让合同》。

3) 次优税务筹划方法

次优税务筹划方法:房地产母公司、项目公司(子公司)、政府部门签订三方补充协议,将土地受让人变更为项目公司。

如果房地产母公司(土地竞得人)在向国土部门提交的《投标(竞买)申请书》中没有约定"拟成立项目公司(子公司)进行开发建设;拟成立项目公司(子公司)的出资构成、成立时间;母公司代替拟成立项目公司(子公司)垫付土地出让金,土地出让金的收据等子公司注册成立后直接开到项目公司(子公司)名下"等内容,则可签订三方协议进行规避。

第一,在项目公司(子公司)的全部股权由受让土地的房地产母公司持有,在政府部门出让土地的用途、规划、土地价款总额等条件不变的情况下,房地产母公司、项目公司(子公司)、政府部门三方签订变更协议或补充合同,将土地受让人变更为项目公司(子公司)。

第二,与国土部门和财政部门协商,将国土部门开给房地产母公司的土地出让金收据换成项目公司(子公司)抬头的土地出让金收据。如果换不成项目公司(子公司)抬头的土地出让金收据,则将国土部门开给房地产母公司的土地出让金收据放在项目公司(子公司)入账计入土地成本。

4) 结论分析

关于是否允许国土部门开给房地产母公司的土地出让金收据换成项目公司(子公司)抬头的土地出让金收据,国土部门和财政部门很难协商一致,即使该土地出让金很难在土地增值税税前扣除。因此,在以上两种税务筹划方法当中,笔者建议最好采用<u>通过《投标(竞买)申请书》中的约定条款进行税务筹划,规避税收风险。</u>

6.3.2.2 第二种情形的税务筹划

1) 政策依据分析

第一,《财政部 国家税务总局关于促进企业重组有关企业所得税处理问题的通知》(财税〔2014〕109号)第三条规定,对100%直接控制的居民企业之间,以及受同一或相同多家居民企业100%直接控制的居民企业之间按账面净值划转股权或资产,凡具有合理商业目的,不以减少、免除或者推迟缴纳税款为主要目的,股权或资产划转后连续12个月内不改变被划转股权或资产原来实质性经营活动,且划出方企业和划入方企业均未在会计上确认损益的,可以选择按以下规定进行特殊性税务处理:①划出方企业和划入方企业均不确认所得;②划入方企业取得被划转股权或资产的计税基础,以被划转股权或资产的原账面净值确定;③划入方企业取得的被划转资产,应按其原账面净值计算折旧扣除。

第二,《财政部 税务总局关于继续执行企业事业单位改制重组有关契税政策的公告》(财政部 税务总局公告2021年第17号)第六条第二款规定,同一投资主体内部所属企业之间土地、房屋权属的划转,包括母公司与其全资子公司之间,同一公司所属全资子公司之间,同一自然人与其设立的个人独资企业、一人有限公司之间土地、房屋权属的划转,免征契税。

第三,《财政部 国家税务总局关于非货币性资产投资企业所得税政策问题的通知》(财税〔2014〕116号)第二条规定,企业以非货币性资产对外投资,应对非货币性资产进行评估并按评估后的公允价值扣除计税基础后的余额,计算确认非货币性资产转让所得。

第四,《国家税务总局关于资产(股权)划转企业所得税征管问题的公告》(国家税务总局公告 2015 年第 40 号)第一条第(一)项规定,100%直接控制的母子公司之间,母公司向子公司按账面净值划转其持有的股权或资产,母公司获得子公司 100%的股权支付;母公司按增加长期股权投资处理,子公司按接受投资(包括资本公积)处理;母公司获得子公司股权的计税基础以划转股权或资产的原计税基础确定。第一条第(二)项规定,100%直接控制的母子公司之间,母公司向子公司按账面净值划转其持有的股权或资产,母公司没有获得任何股权或非股权支付;母公司按冲减实收资本(包括资本公积)处理,子公司按接受投资处理。

第五,《国家税务总局关于企业所得税应纳税所得额若干问题的公告》(国家税务总局公告 2014 年第 29 号)第二条第(一)项规定,企业接收股东划入资产(包括股东赠予资产、上市公司在股权分置改革过程中接收原非流通股股东和新非流通股股东赠予的资产、股东放弃本企业的股权),凡合同、协议约定作为资本金(包括资本公积)且在会计上已做实际处理的,不计入企业的收入总额,企业应按公允价值确定该项资产的计税基础。

根据以上税收政策依据,房地产母公司中标拿的土地,在没有投入任何资金进行开发的情况下,要实现将其过户到其项目公司(子公司)名下,只有两种模式:一是母公司将其中标土地评估作价投资入股到其项目公司(子公司)名下;二是母公司按照净值无偿划拨到其项目公司(子公司)名下。在这两种模式中,母公司若按照净值无偿划拨到其项目公司(子公司)名下,则其可以享受更多的税收优惠政策,实现节税的效果。

2) 税务筹划方法

<u>税务筹划方法:母公司与项目公司(子公司)签订按照土地账面价值无偿划拨土地协议,避免签订土地投资协议。</u>

母公司与其成立的准备开发其中标地块的项目公司(子公司)签订按照土地账面价值无偿划转协议,而不能签订土地投资入股协议,否则母公司将承担一定的税收成本。下面通过案例分析4进行论证分析。

案例分析 4

房地产公司的土地变更到全资子公司名下进行开发的税务筹划

一、案例介绍

房地产公司 A 公司(以下简称 A 公司)于 2016 年 3 月 1 日,以 120 万元/亩的价格,通过招投标手续购入白湖片区D8地块共52亩,现国土部门对该片区综合评估约为140万元/亩。A公司领导层商议后一致同意:将白湖片区D8地块过户到A公司100%控股下的具有房地产开发资质的全资子公司B公司(以下简称B公司)名下进行综合开发。但该地块如何变更到B公司名下,面临两种税收筹划方案:

第一种方案:A公司将该地块按账面净值划转到B公司名下,A公司获得或不获得B公司股权或非股权支付。

第二种方案:A公司将该地块以增资扩股形式投资入股到B公司名下。

请问以上两种税务筹划方案中的哪一种方案可使房地产开发企业的税负最低?

二、税收筹划方案涉税成本分析

(一)第一种方案

A公司将该地块按账面净值划转到B公司名下,A公司获得或不获得B公司股权或非股权支付。

1. A公司的税收成本

1)企业所得税的处理:A公司不需缴纳企业所得税

根据《财政部 国家税务总局关于促进企业重组有关企业所得税处理问题的通知》(财税〔2014〕109号)第三条的规定,对100%直接控制的居民企业之间,以及受同一或相同多家居民企业100%直接控制的居民企业之间按账面净值划转股权或资产,凡具有合理商业目的,不以减少、免除或者推迟缴纳税款为主要目的,股权或资产划转后连续12个月内不改变被划转股权或资产原来实质性经营活动,且划出方企业和划入方企业均未在会计上确认损益的,可以选择按以下规定进行特殊性税务处理:①划出方企业和划入方企业均不确认所得。②划入方企业取得被划转股权或资产的计税基础,以被划转股权或资产的原账面净值确定。③划入方企业取得的被划转资产,应按其原账面净值计算折旧扣除。

《国家税务总局关于企业所得税应纳税所得额若干问题的公告》(国家税务总局公告2014年第29号)第二条第(一)项规定,企业接收股东划入资产(包括股东赠予资产、上市公司在股权分置改革过程中接收原非流通股股东和新非流通股股东赠予的资产、股东放弃本企业的股权),凡合同、协议约定作为资本金(包括资本公积)且在会计上已做实际处理的,不计入企业的收入总额,企业应按公允价值确定该项资产的计税基础。

《国家税务总局关于资产(股权)划转企业所得税征管问题的公告》(国家税务总局公告 2015 年第 40 号)第一条第(二)项规定,100% 直接控制的母子公司之间,母公司向子公司按账面净值划转其持有的股权或资产,母公司没有获得任何股权或非股权支付。母公司按冲减实收资本(包括资本公积)处理,子公司按接受投资处理。

基于以上税收政策规定,A 公司将该地块按账面净值划转到 B 公司名下,A 公司不获得 B 公司任何股权或非股权支付,A 公司和 B 公司都不需缴纳企业所得税。根据《财政部 国家税务总局关于进一步明确全面推开营改增试点有关劳务派遣服务、收费公路通行费抵扣等政策的通知》(财税〔2016〕47 号)第三条第(二)项的规定,A 公司选择简易计税,依照 5% 增值税税率计征增值税。因此,B 公司应将不含增值税金额的公允价值 6 933.33 万元[52×140÷(1+5%)]作为该划转土地的计税基础。如果 A 公司将该地块按账面净值划转到 B 公司名下,A 公司获得 B 公司 100% 的股权支付,则根据国家税务总局公告 2015 年第 40 号文件第一条第(一)项的规定,A 公司按增加长期股权投资处理,B 公司按接受投资(包括资本公积)处理。在企业所得税的处理上,A 公司获得 B 公司股权的计税基础以划转土地的原计税基础6 240万元(52×120)确定。

2) 增值税、土地增值税的处理

A公司将其名下的土地资产无偿划转到B公司名下,A公司无增值,要不要征收土地增值税和增值税?具体涉税和财务处理分析如下。

A公司将地块按照土地账面价值划转到B公司,无论是获得B公司100%的股权支付(有偿划转),还是不获得B公司股权支付和非股权支付(无偿划转),都应视同销售,按照不含增值税金额的公允价值6 933.33万元[52×140÷(1+5%)]作为计税基础缴纳增值税和土地增值税。相关增值税和土地增值税的税收政策分析如下。

《土地增值税暂行条例实施细则》第二条规定,《中华人民共和国土地增值税暂行条例》(以下简称《土地增值税暂行条例》)第二条所称的转让国有土地使用权、地上的建筑物及其附着物并取得收入,是指以出售或者其他方式有偿转让房地产的行为。不包括以继承、赠与方式无偿转让房地产的行为。

《财政部 国家税务总局关于土地增值税一些具体问题规定的通知》(财税字〔1995〕48号)第四条又进一步对《土地增值税暂行条例实施细则》中"赠与"所包括的

范围问题进行了明确,《土地增值税暂行条例实施细则》所称的"赠与"是指如下情况：①房产所有人、土地使用权所有人将房屋产权、土地使用权赠与直系亲属或承担直接赡养义务人的。②房产所有人、土地使用权所有人通过中国境内非营利的社会团体、国家机关将房屋产权、土地使用权赠与教育、民政和其他社会福利、公益事业的。上述社会团体是指中国青少年发展基金会、希望工程基金会、宋庆龄基金会、减灾委员会、中国红十字会、中国残疾人联合会、全国老年基金会、老区促进会以及经民政部门批准成立的其他非营利的公益性组织。

根据《营业税改征增值税试点实施办法》（财税〔2016〕36号附件1）第十四条第（二）项规定,单位或者个人向其他单位或者个人无偿转让无形资产或者不动产,应视同销售无形资产、不动产的行为,但用于公益事业或者以社会公众为对象的除外。

《国家税务总局关于营改增后土地增值税若干征管规定的公告》（国家税务总局公告2016年第70号）第二条规定,纳税人将开发产品用于职工福利、奖励、对外投资、分配给股东或投资人、抵偿债务、换取其他单位和个人的非货币性资产等,发生所有权转移时应视同销售房地产,其收入应按照《国家税务总局关于房地产开发企业土地增值税清算管理有关问题的通知》（国税发〔2006〕187号）第三条规定执行。纳税人安置回迁户，其拆迁安置用房应税收入和扣除项目的确认，应按照《国家税务总局关于土地增值税清算有关问题的通知》（国税函〔2010〕220号）第六条规定执行。

《国家税务总局关于房地产开发企业土地增值税清算管理有关问题的通知》（国税发〔2006〕187号）第三条第（一）项规定，房地产开发企业将开发产品用于职工福利、奖励、对外投资、分配给股东或投资人、抵偿债务、换取其他单位和个人的非货币性资产等，发生所有权转移时应视同销售房地产。

《中华人民共和国增值税暂行条例》第一条规定，在中华人民共和国境内销售货物或者加工、修理修配劳务，销售服务、无形资产、不动产以及进口货物的单位和个人，为增值税的纳税人，应当依照本条例缴纳增值税。而《中华人民共和国增值税暂行条例实施细则》第三条规定，《中华人民共和国增值税暂行条例》第一条所称销售货物，是指有偿转让货物的所有权。同时，根据《营业税改征增值税试点实施办法》（财税〔2016〕36号附件1）第十一条的规定，"有偿"是指取得货币、货物或者其他经济利益。

基于以上税收政策的规定,"以出售或者其他方式有偿转让房地产的行为"是指"以出售方式有偿转让房地产的行为"和"以其他方式有偿转让房地产的行为"。征收土地增值税必须具备两个条件:一是有偿地转让房地产的行为,二是以出售或其他转让方式转让房地产的行为。以"继承,赠与方式无偿转让房地产的行为"肯定不征收土地增值税。而A公司按照账面净值划转土地到B公司名下,并获得B公司的100%的股权支付,构成"有偿"中的取得"其他经济利益"的行为。而A公司按照账面净值划转土地到B公司名下,不获得B公司的股权支付或非股权支付,但是发生土地使用权转移到B公司名下,必须视同销售缴纳增值税和土地增值税。

因此,A公司按照账面净值划转土地到B公司名下,无论A公司获得B公司100%的股权支付还是不获得B公司的任何股权支付或非股权支付,A公司都应按照6 933.33万元[52×140÷(1+5%)]作为计税基础缴纳增值税和土地增值税。

① A公司将地块按照土地账面价值划转到B公司,获得B公司100%的股权支付(有偿划转)。

第一,A公司的账务处理如下。

根据以上税收政策分析，A 公司按照账面净值划转土地到 B 公司名下，A 公司获得 B 公司 100% 的股权支付的行为，必须依法缴纳增值税和土地增值税，其计税依据是公允价值。同时，根据国家税务总局公告 2015 年第 40 号文件第一条第（一）项的规定，A 公司应作会计分录如下。

借：长期股权投资——子公司　　　65 866 700
　　贷：无形资产——土地　　　　　62 400 000
　　　　应交税费——（简易计税）　 3 466 700

《增值税会计处理规定》（财会〔2016〕22 号印发）第二条第（三）项规定，企业发生相关成本费用允许扣减销售额的账务处理如下：按现行增值税制度规定企业发生相关成本费用允许扣减销售额的，发生成本费用时，按应付或实际支付的金额，借记"主营业务成本""存货""工程施工"等科目，贷记"应付账款""应付票据""银行存款"等科目；待取得合规增值税扣税凭证且纳税义务发生时，按照允许抵扣的税额，借记"应交税费——应交增值税（销项税额抵减）"或"应交税费——简易计税"科目（小规模纳税人应借记"应交税费——应交增值税"科目），贷记"主营业务成本""存货""工程施工"等科目。

A 公司按照 7 280 万元（52×140）全额给 B 公司开

具5%的增值税专用发票,发票上的销售额为6 933.33万元,增值税额为346.67万元,B公司未来可以抵扣346.67万元增值税。但是,根据《财政部 国家税务总局关于进一步明确全面推开营改增试点有关劳务派遣服务 收费公路通行费抵扣等政策的通知》(财税〔2016〕47号)第三条第(二)项的规定,A公司差额征收增值税,实际缴纳的增值税为49.52万元[52×(140 − 120)÷(1 + 5%)×5%]。根据《增值税会计处理规定》(财会〔2016〕22号印发)第二条第(三)项的规定,A公司必须冲减"主营业务成本",因此,A公司应作会计分录如下。

借:应交税费——简易计税　　　　　2 971 500
　　贷:主营业务成本　　　　　　　　　　2 971 500

第二,B公司接受A公司划转的土地的账务处理如下。

根据《财政部 国家税务总局关于促进企业重组有关企业所得税处理问题的通知》(财税〔2014〕109号)第三条、《国家税务总局关于资产(股权)划转企业所得税征管问题的公告》(国家税务总局公告2015年第40号)第一条第(一)项的规定,资产划入方(子公司B公司)以划入资产的原账面净值为计税基础,因此,无形资产——

土地(土地的计税基础)=52×120=6 240(万元)。

母公司 A 公司按照账面净值划转资产视同销售,以不含增值税的公允价值 6 933.33 万元[(52×140)÷(1+5%)]向其子公司 B 公司(资产划入方)开具增值税发票,B 公司收到 A 公司开具的增值税发票:

应交增值税(增值税进项税额)=[52×140÷(1+5%)×5%]=346.67(万元)。

B 公司接受 A 公司划转的土地应作会计分录如下:

借:无形资产——土地(土地的计税基础)62 400 000

  应交税费——应交增值税(增值税进项税额)

           3 466 700

 贷:实收资本——房地产公司 A 公司 65 866 700

第三,A 公司的增值税和土地增值税的账务处理如下。

《财政部 国家税务总局关于进一步明确全面推开营改增试点有关劳务派遣服务 收费公路通行费抵扣等政策的通知》(财税〔2016〕47 号)第三条第(二)项规定,纳税人转让 2016 年 4 月 30 日前取得的土地使用权,可以选择适用简易计税方法,以取得的全部价款和价外费用减去取得该土地使用权的原价后的余额为销售额,按照5%的征收率计算缴纳增值税。基于此税收政策规定，A公司按照土地账面净值划转土地到B公司名下，并收到100%股权支付的情况下，需差额缴纳增值税49.52万元[(140-120)×52÷(1+5%)×5%]。同时，A公司按照账面净值划转土地到B公司，并收到100%股权支付的情况下，需缴纳土地增值税296.05万元{[140×52÷(1+5%)-120×52÷(1+5%)-3.64]×30%}。其中3.64万元(52×140×0.05%)为视同销售的印花税。

B公司在未来计算土地增值税时的土地扣除成本为6 933.33万元[52×140÷(1+5%)]，而不是6 240万元(52×120)，但是计算企业所得税时的土地扣除成本是6 240万元，而不是6 933.33万元。

②A公司将地块按照土地账面价值划转到B公司，不获得B公司任何股权支付和非股权支付(无偿划转)。

第一，A公司和B公司的账务处理如下。

根据前面的税收政策分析，A公司按照土地账面价值划转土地到B公司，A公司不获得B公司任何股权或非股权支付的行为也是一种"视同销售的有偿行为"。根据国家税务总局公告2015年第40号文件第一条第(二)项的规定，A公司应按冲减实收资本(包括资本公积)处理,B公司应按接受投资处理。

基于此税收政策的规定,A公司应作会计分录如下:

借:资本公积/实收资本(账面净值)　　62 400 000
　　贷:无形资产——土地(土地的账面净值)62 400 000

B公司应作会计分录如下:

借:无形资产——土地　　　　　　　　62 400 000
　　贷:实收资本——房地产公司A公司　　62 400 000

第二,A公司的增值税和土地增值税的账务处理如下。

通过前文"A公司将地块按照土地账面价值划转土地到B公司,无论是获得B公司100%的股权支付(有偿划转),还是不获得B公司股权支付和非股权支付(无偿划转),都应视同销售,按照以不含增值税的公允价值6 933.33万元[52×140÷(1＋5%)]作为计税基础缴纳增值税和土地增值税"的分析,"A公司按照土地账面价值划转土地到B公司,没有获得B公司的任何股权支付和非股权支付(无偿划转)"的增值税和土地增值税与"A公司按照土地账面价值划转土地到B公司,获得B公司100%股权支付(有偿划转)"的增值税和土地增值税的处理一样。具体如下。

A公司按照土地账面净值划转土地到B公司名下，不获得B公司的任何股权支付和非股权支付时的情况下，需差额缴纳增值税49.52万元[(140－120)×52÷(1＋5%)×5%]，同时需缴纳土地增值税296.05万元{[140×52÷(1＋5%)－120×52÷(1＋5%)－3.64]×30%}。其中3.64万元(52×140×0.05%)为视同销售的印花税。

通过前面企业所得税、土地增值税和增值税的涉税分析，在资产划转的情况下，A公司按照土地账面净值划转土地到B公司名下，不获得B公司的任何股权支付和非股权支付的情况与获得B公司100%的股权支付的情况相比，两者的共同点和不同点总结如下。

两者的共同点如下：一是两种情况下，A公司和B公司都不缴纳企业所得税；二是两种情况下，A公司都要视同销售依法按照公允价值缴纳土地增值税和增值税。

两者的不同点如下：A公司按照土地账面净值划转土地到B公司名下，不获得B公司的任何股权支付和非股权支付的情况下，B公司在未来计算土地增值税和企业所得税的土地扣除成本是按照该土地的公允价值6 933.33万元[52×140÷(1＋5%)]，而不是账面价值6 240万元(52×120)；A公司按照土地账面净值划转土地到 B 公司名下,并获得 B 公司 100% 的股权支付的情况下,B 公司在未来计算土地增值税时的土地扣除成本是该土地划转时确定的公允价值 6 933.33 万元 [$52 \times 140 \div (1 + 5\%)$],而不是账面价值 6 240 万元($52 \times 120$),但是在未来开发结束后计算企业所得税时的土地扣除成本是该土地划转时的账面价值 6 240 万元,而不是公允价值 6 933.33 万元。

3) 印花税的处理

A 公司将其名下的土地资产无偿划转到 B 公司名下的行为,应按印花税产权转移书据 0.05% 税率缴纳印花税 3.12 万元($120 \times 52 \times 0.05\%$)。

2. B 公司的税收成本

1) 契税的处理:不需缴纳契税

《财政部 税务总局关于继续执行企业事业单位改制重组有关契税政策的公告》(财政部 税务总局公告 2021 年第 17 号)第六条第二款规定,同一投资主体内部所属企业之间土地、房屋权属的划转,包括母公司与其全资子公司之间,同一公司所属全资子公司之间,同一自然人与其设立的个人独资企业、一人有限公司之间土地、房屋权属的划转,免征契税。基于此规定,B 公司接受 A 公司划转土地资产,不需缴纳契税。

2) 印花税的处理

A公司将其名下的土地资产无偿划转到B公司名下的行为,B公司应按印花税产权转移书据0.05%税率缴纳印花税。B公司应缴纳印花税3.12万元(120×52×0.05%)。

3. 第一种方案下的总税收成本

A公司按照账面净值划转土地到B公司,并获得100%股权支付的情况下,或者A公司不获得B公司任何股权支付和非股权支付的情况下,税收总成本为351.81万元(3.12×2+49.52+296.05)。

(二) 第二种方案

增资扩股方案:A公司将该地块以增资扩股形式的投资入股到B公司名下。

1. A公司的税收成本

1) 增值税的处理

《营业税改征增值税试点实施办法》(财税〔2016〕36号附件1)第十条规定,销售服务、无形资产或者不动产,是指有偿提供服务、有偿转让无形资产或者不动产;该文件第十一条规定,有偿,是指取得货币、货物或者其他经济利益。

《营业税改征增值税试点有关事项的规定》(财税〔2016〕36号文件附件2)第一条规定,适用一般计税方法的试点纳税人,2016年5月1日后取得并在会计制度上按固定资产核算的不动产或者2016年5月1日后取得的不动产在建工程,其进项税额应自取得之日起分2年从销项税额中抵扣,第一年抵扣比例为60%,第二年抵扣比例为40%。取得不动产,包括以直接购买、接受捐赠、接受投资入股、自建以及抵债等各种形式取得不动产,不包括房地产开发企业自行开发的房地产项目。

根据上述规定可知,企业将无形资产、不动产投资入股换取被投资企业股权的行为属于有偿取得"其他经济利益",且被投资企业取得不动产包括"接受投资入股"形式取得的不动产,其进项税额准予从销项税额中抵扣。这就意味着企业以土地等无形资产和房屋等不动产投资应视为销售缴纳增值税,并可计算销项税额、开具增值税专用发票给被投资企业作为抵扣进项税额的凭据。因此,以非货币性资产投资要视同销售缴纳增值税。

《财政部 国家税务总局关于进一步明确全面推开营改增试点有关劳务派遣服务、收费公路通行费抵扣等政策的通知》(财税〔2016〕47号)第三条第(二)项规定,纳税人转让2016年4月30日前取得的土地使用权,可以选择适用简易计税方法,以取得的全部价款和价外费用减去取得该土地使用权的原价后的余额为销售额,按照5%的征收率计算缴纳增值税。基于此规定,A公司以白湖片区D8地块增资扩股到B公司,需缴纳的增值税49.52万元[(140－120)×52÷(1＋5%)×5%]。

2) 印花税的处理

A公司应按印花税产权转移书据0.05%税率缴纳印花税3.64万元(140×52×0.05%)。

3) 土地增值税的处理

根据《土地增值税暂行条例》的规定,在中华人民共和国境内发生转让国有土地使用权及其地上建筑物并取得收入的单位和个人,是土地增值税的纳税义务人。《国家税务总局关于房地产开发企业土地增值税清算管理有关问题的通知》(国税发〔2006〕187号)第三条第(一)项规定,房地产开发企业将开发产品用于职工福利、奖励、对外投资、分配给股东或投资人、抵偿债务、换取其他单位和个人的非货币性资产等,发生所有权转移时应视同销售房地产。《财政部 税务总局关于继续实施企业改制重组有关土地增值税政策的公告》(财政部 税务总局公告2021年第21号)第四条规定,单位、个人在改制重组时以房地产作价入股进行投资,对其将房地产转移、变更到被投资的企业,暂不征土地增值税。财政部、税务总局公告2021年第21号文件第五条规定,上述改制重组有关土地增值税政策不适用于房地产转移任意一方为房地产开发企业的情形。因此,本案例中A公司需缴纳土地增值税。

土地增值税税额 = {140×52÷(1+5%) - [120×52÷(1+5%) + 3.64]}×30% = 296.05(万元)。

4) 企业所得税的处理

《财政部 国家税务总局关于非货币性资产投资企业所得税政策问题的通知》(财税〔2014〕116号)第二条规定,企业以非货币性资产对外投资,应对非货币性资产进行评估并按评估后的公允价值扣除计税基础后的余额,计算确认非货币性资产转让所得。基于此规定,A公司将土地投资扩股到B公司名下,应缴纳企业所得税172.70万元{[(140-120)÷(1+5%)×52 - (3.64 + 296.05)]×25%}。

A公司需缴纳税费合计472.39万元(3.64 + 296.05 + 172.70)。

2. B公司的税收成本

1) 契税的处理

B公司应缴契税＝140×52÷(1＋5%)×3%＝208.00(万元)。

2) 印花税的处理

B公司应按印花税产权转移书据0.05%税率缴纳印花税3.64万元(140×52×0.05%)。

B公司需缴纳税费合计211.64万元(208.00＋3.64)。

3. 第二种方案下的总税收成本

双方缴纳税费合计684.03万元(472.39＋211.64)。

(三) 结论分析

第一种方案下,A公司按照土地账面净值划转土地到B公司名下,获得或不获得B公司的股权支付和非股权支付的情况下,B公司在未来计算土地增值税和企业所得税的土地扣除成本都是按照该土地的公允价值6 933.33万元[52×140÷(1＋5%)],而不是账面价值6 240万元(52×120)。

第二种方案下,A公司将土地投资于B公司名下,未来B公司计算土地增值税和增值税的计税基础是土地的公允价值6 933.33万元[52×140÷(1＋5%)],而不是账面价值6 240万元(52×120)。

通过以上涉税成本分析,土地划转方案双方需缴纳的税费比投资方案节约税款332.22万元(684.03 - 351.81)。

如果领导层决策采用第二种方案,企业将多承担332.22万元税收成本。因此,领导层的决策失误是最大的浪费,要让企业节约税收成本必须要从决策抓起。

7

装修成本扣除

7.1 涉税风险分析

在实践中，不少房地产开发企业为了节约土地增值税，会通过注册一家装饰公司来开发精装房进行销售。装饰公司与房地产开发企业签订装饰合同，装饰公司不仅提供硬装修业务，还提供软装修业务。装饰公司将硬装修和软装修成本统一开发票，房地产开发企业以此计入"开发成本——建安成本"。房地产开发企业在计算土地增值税时，将不能在土地增值税税前扣除的"软装成本"进行了扣除，以实现少缴纳土地增值税的目的。该做法是一种漏税的行为，是与现行税法规定相悖的。<u>因此，装修成本扣除的涉税风险是将装修成本中的"软装成本"计入"开发成本"，从而少缴纳土地增值税。</u>

装修成本扣除的土地增值税风险分析如下。

<u>(1) 税法只规定土地增值税税前可以扣除"装修费用"，而没有规定可以扣除"装饰费用"。</u>

《国家税务总局关于房地产开发企业土地增值税清算管理有关问题的通知》（国税发〔2006〕187号）第四条第（四）项规定，房地产开发企业销售已装修的房屋，其装修

费用可以计入房地产开发成本。基于此规定,房地产开发企业在土地增值税税前扣除的开发成本中,可以扣除"装修费用",但其没有明确允许扣除"装饰费用"。"装修费用"和"装饰费用"是完全不同的概念。"装饰费用"主要体现为"软装费用",而"软装"的构成元素如下:

第一,家具。家具包括支撑类家具、储藏类家具、装饰类家具,如沙发、茶几、床、餐桌、餐椅、书柜、衣柜、电视柜等。

第二,饰品。饰品一般为摆件和挂件,包括工艺品摆件、陶瓷摆件、铜制摆件、铁艺摆件、挂画、插画、照片墙、相框、漆画、壁画、装饰画、油画等。

第三,灯饰。灯饰包括吊灯、立灯、台灯、壁灯、射灯。灯饰不仅仅起着照明的作用,同时,还兼顾渲染环境气氛和提升室内情调。

第四,布艺织物。布艺织物包括窗帘、床上用品、地毯、桌布、桌椅、靠垫等。好的布艺设计不仅能提高室内的档次,使室内更温馨和谐,而且更能体现一个人的生活品位。

第五,花艺及绿化造景。花艺及绿化造景包括装饰花艺、鲜花、干花、花盆、艺术插花、绿化植物、盆景园艺、水景等。

我国税法上没有关于"装修"的定义,只有对"装饰"的定义。根据《营业税改征增值税试点实施办法》(财税〔2016〕36号附件1)所附的《销售服务、无形资产、不动产注释》的规定,装饰服务,是指对建筑物、构筑物进行修饰装修,使之美观或者具有特定用途的工程作业。基于此规定,"装饰"是对建筑物与构筑物进行装饰和美化的工程作业。适用装饰服务的显然有一个前提——存在着独立完整的建筑物或者构筑物。

我国建筑法对"装修"有严格的定义。根据《中华人民共和国建筑法释义》对《中华人民共和国建筑法》第二条的释义,建筑装修活动,如果是建筑过程中的装修,则属于建造活动的组成部分,适用本法规定,不必单独列出。对已建成的建筑进行装修,如果涉及建筑物的主体或承重结构变动的,则应按照本法第四十九条的规定执行;不涉及主体或承重结构变动的装修,不属于本法调整范围。此外,对不包括建筑装修内容的建筑装饰活动,因其不涉及建筑物的安全性和基本使用功能,完全可以因使用者的爱好和审美情趣的不同而各有不同,不需要以法律强制规范,因此,本法的调整范围不包括建筑装饰活动。

《住宅室内装饰装修管理办法》(建设部令〔2002〕110号)规定,所称住宅室内装饰装修,是指住宅竣工验收合格后,业主或者住宅使用人对住宅室内进行装饰装修的建筑活动。

基于以上法律规定,建筑法规将"装修"分为以下三部分。

第一,与建造活动一起进行的初装修。这类工程属于建筑法调整范围,属于建筑安装工程的组成部分。或者说,满足建筑物基本使用或者交付状态的初始装修,即建筑工程的装饰装修分项工程。

第二,涉及主体或承重结构变动的装修。这类工程属于建筑法调整范围,属于建筑安装工程的组成部分。这类工程装修支出就是《中华人民共和国企业所得税法》中所称的"改建支出"。

第三,竣工验收合格后住宅室内的装修。这类工程不属于建筑法调整范围,也不属于建筑安装工程的组成部分,而是业主或使用人进行的第二次装饰装修。实质上,这种"装修"工程不属于《中华人民共和国建筑法》的"建筑工程"的范围,而属于"建设工程"的范围。

根据《土地增值税暂行条例实施细则》的第七条第(二)项"建筑安装工程费,是指以出包方式支付给承包单位的建筑安装工程费,以自营方式发生的建筑安装工程费"的规定,国税发〔2006〕187号文件第四条第(四)项"房地产开发企业销售已装修的房屋,其装修费用可以计入房地产开发成本"的规定,只是特指属于建筑安装工程的"组成部分与建造活动一起进行的初装修和涉及主体或承重结构变动"的装修工程费用,并不包括竣工验收合格后住宅室内的装修工程费用和不能构成附属设施和附着物的动产设施费用。

(2) 装修工程中含有的动产设施不可以作为建筑装修成本在土地增值税税前扣除。

根据《财政部 国家税务总局关于固定资产进项税额抵扣问题的通知》(财税〔2009〕113号)的规定,附属设备和配套设施,是指给排水、采暖、卫生、通风、照明、通信、煤气、消防、中央空调、电梯、电气、智能化楼宇设备和配套设施。

《建筑安装工程费用项目组成》(建标〔2003〕206号印发)规定,建筑安装工程费由直接费、间接费、利润和税金组成。直接费由直接工程费和措施费组成。直接工程费,是指施工过程中耗费的构成工程实体的各项费用,包括人工费、材料费、施工机械使用费。其中,材料费,是指施工过程中耗费的构成工程实体的原材料、辅助材料、构配件、零件、半成品的费用。

根据建标〔2003〕206号文件的规定,只有构成工程实体的材料费才构成建筑安装工程费的内容。而精装修所用家电、家具不构成工程实体，不符合土地增值税扣除项目的内容，因此，不能作为成本项目扣除。

通过以上分析，房地产开发企业为了扩大开发成本土地增值税加计扣除的基数，往往通过装饰公司在装修的同时购买家具、家电。购买家具、家电的价款由装饰公司开具建筑装饰服务发票，作为房地产开发企业"装饰成本"计入"开发成本"中，并在土地增值税计算中作为加计扣除的基数。因此，房地产开发企业通过"装饰"等手段将不能在土地增值税税前扣除的家具、家电费用计入开发成本，显然是以扩大开发成本达到少缴纳土地增值税目的的漏税行为。

7.2 涉税风险防控之策

装修成本扣除涉税风险防控之策如下。

第一,房地产开发企业开发、销售精装房时,绝对不可以将沙发、冰箱、彩电、洗衣机、窗帘等动产设施、软装修成本发包给装饰公司,让装饰公司将以上成本含在装修费用里开具建筑装饰服务发票给房地产开发企业计入"开发成本"。

第二,房地产开发企业只能将装修费用等"硬装成本"计入"开发成本"在土地增值税税前扣除,绝对不可以将"软装成本"计入"开发成本"。

8

土地增值税成本扣除范围

8.1 涉税风险分析

8.1.1 涉税风险特征

在土地增值税清算时,税法对于土地增值税税前扣除的成本范围与企业所得税税前扣除的成本范围有严格的界定范围。而实践中的房地产开发企业或税务执法人员在判断土地增值税和企业所得税税前扣除的成本范围时,存在将不属于土地增值税税前扣除的成本范围进行扣除,从而少缴纳土地增值税的情况。

8.1.2 土地增值税税前扣除的成本扣除范围界定

《土地增值税暂行条例》第六条规定,计算增值额的扣除项目如下:

(1)取得土地使用权所支付的金额。

(2)开发土地的成本、费用。

(3)新建房及配套设施的成本、费用,或者旧房及建筑物的评估价格。

(4) 与转让房地产有关的税金。

(5) 财政部规定的其他扣除项目。

根据《国家税务总局关于营改增后土地增值税若干征管规定的公告》(国家税务总局公告2016年第70号)第三条的规定,计算土地增值税增值额的扣除项目中"与转让房地产有关的税金"不包括增值税。

根据《财政部 国家税务总局关于营改增后契税 房产税 土地增值税 个人所得税计税依据问题的通知》(财税〔2016〕43号)第三条第二款的规定,《土地增值税暂行条例》等规定的土地增值税扣除项目涉及的增值税进项税额,允许在销项税额中计算抵扣的,不计入扣除项目,不允许在销项税额中计算抵扣的,可以计入扣除项目。

根据《土地增值税暂行条例实施细则》第七条第(六)项的规定,对从事房地产开发的纳税人可按"(取得土地使用权所支付的金额＋开发土地和新建房及配套设施成本或房地产开发成本)×(1＋20%)"扣除。

<u>土地闲置费属于企业所得税成本扣除范围,但不属于土地增值税成本扣除范围。</u>

《房地产开发经营业务企业所得税处理办法》(国税发〔2009〕31号印发)第二十七条规定,开发产品计税成本支出的内容包括土地征用费及拆迁补偿费。土地征用费及

拆迁补偿费指为取得土地开发使用权（或开发权）而发生的各项费用，主要包括土地买价或出让金、大市政配套费、契税、耕地占用税、土地使用费、<u>土地闲置费</u>、土地变更用途和超面积补交的地价及相关税费、拆迁补偿支出、安置及动迁支出、回迁房建造支出、农作物补偿费、危房补偿费等。

《国家税务总局关于土地增值税清算有关问题的通知》（国税函〔2010〕220号）第四条规定，房地产开发企业逾期开发缴纳的土地闲置费不得扣除。

根据上述规定，土地闲置费可以作为开发成本在企业所得税税前据实扣除，但不能在土地增值税税前扣除。

根据以上成本扣除范围的分析，在土地增值税清算时，如果房地产开发企业将不属于土地增值税扣除范围的成本进行扣除，则会导致多扣除成本从而少缴纳土地增值税。

8.2　涉税风险防控之策

根据《土地增值税暂行条例》及其实施细则、《国家税务总局关于营改增后土地增值税若干征管规定的公告》(国家税务总局公告 2016 年第 70 号)的规定,房地产开发企业开发项目在土地增值税清算中只能扣除的成本项目如下。

(1) 土地成本:取得土地使用权所支付的金额。

(2) 基础设施费用:项目内发生的园林绿化费用、道路、路灯建设安装费用、排水、供暖、排污费用、有线电视、网络、电缆费用。

(3) 建筑安装工程费用。

(4) 公共配套设施费用。

(5) 开发费用(管理费用、营销费用、财务费用)。

(6) 与转让房地产有关的不含增值税的税金。

(7) 财政部规定的其他扣除项目,即:加计费用=(土地成本+开发成本)×20%。

9

20 年以内使用无产权车库

9.1 涉税风险分析

9.1.1 相关法律法规依据分析

根据《中华人民共和国人民防空法》第五条的规定,国家对人民防空设施建设按照有关规定给予优惠。国家鼓励、支持企业事业组织、社会团体和个人,通过多种途径,投资进行人民防空工程建设;人民防空工程平时由投资者使用管理,收益归投资者所有。

同时,根据《中华人民共和国物权法》(中华人民共和国主席令第62号)[①]第五十二条的规定,国防资产属于国家所有。

基于以上法律规定,地下人防设施权属应为国家所有,投资收益归投资者所有。因此,不少房地产开发企业将地下人防设施改造成车库,产权归国家所有,收益归房地产开发企业所有。

《中华人民共和国民法典》第七百零五条规定,租赁期

---

① 根据《中华人民共和国民法典》的规定,本法自2021年1月1日起全文废止。

限不得超过 20 年。超过 20 年的,超过部分无效。租赁期限届满,当事人可以续订租赁合同,但约定的租赁期限自续订之日起不得超过 20 年。

基于此法律规定,法律只能保护无产权车库拥有 20 年的租赁使用权,超过 20 年的,法律不予保护。

根据《营业税改征增值税试点实施办法》(财税〔2016〕36 号附件 1)所附的《销售服务、无形资产、不动产注释》的规定,转让建筑物有限产权或者永久使用权,视同销售缴纳增值税。但是,没有税法规定转让建筑物有限产权或永久使用权,要视同销售缴纳土地增值税。

9.1.2　相关税收政策分析

《土地增值税暂行条例》第二条规定,转让国有土地使用权、地上的建筑物及其附着物并取得收入的单位和个人,为土地增值税的纳税义务人,应当依照本条例缴纳土地增值税。

基于此规定,缴纳土地增值税的前提条件是发生转让国有土地使用权、地上的建筑物及其附着物并取得收入,而对于无产权的地下人防设施改造的车库,向购房者收取 20 年以内的车库使用费,实质上是房地产开发企业将无产权的车库出租给购房者使用,其收取的车库使用费实质上是一次性收取购房者的 20 年以内的租金,而不是转让无产权车库的销售收入。

因此,房地产开发企业收取购买者 20 年以内无产权车库使用费的经济行为是租赁行为,不是销售行为,不符合征收土地增值税的条件——发生转让国有土地使用权或转让建筑物有限产权或者永久使用权。

根据《国家税务总局关于房地产开发企业土地增值税清算管理有关问题的通知》(国税发〔2006〕187 号)第四条第(三)项的规定,房地产开发企业开发建造的与清算项目配套的停车场(库)按以下原则处理。

第一,建成后无偿移交给政府、公用事业单位用于非营利性社会公共事业的,其成本、费用可以扣除。

第二,建成后有偿转让的,应计算收入,并准予扣除成本、费用。

《国家税务总局关于房地产开发企业土地增值税清算管理有关问题的通知》(国税发〔2006〕187 号)第三条第(二)项规定,房地产开发企业将开发的部分房地产转为企业自用或用于出租等商业用途时,如果产权未发生转移,不征收土地增值税,在税款清算时不列收入,不扣除相应的成本和费用。

根据以上规定，对于无产权车库的成本是否可以在土地增值税税前扣除，分以下两种情况处理。

第一种情况：如果房地产开发企业将人防设施改造成无产权的车库，向购房者收取20年以内的车库使用费。基于人防设施产权是国家所有的规定，房地产开发企业将人防设施无偿移交给国防委员会，房地产开发企业建设人防设施的建设成本可以在土地增值税税前扣除，但是将人防设施改造成车库的改造成本不可以在土地增值税税前扣除。

第二种情况：如果房地产开发企业将非人防设施改造成无产权的车库，向购房者收取20年以内的车库使用费。房地产开发企业无产权车库的建设成本不可以在土地增值税税前扣除。

因此，基于以上分析，如果房地产开发企业将人防设施和非人防设施改造成无产权车库，只向购房者收取20年以内的车库使用费，则将人防设施改造成无产权车库的改造成本，或将非人防设施改造无产权车库的建设成本和改造成本在土地增值税税前扣除，是一种扩大开发成本，少缴纳土地增值税的行为，是一种漏税的行为。

9.2 涉税风险防控之策

人防停车位就是房地产开发企业利用住宅小区配套修建的有人防功能的地下室(地下人防工程)改建用于停车的场所。人防车位的一般存在两种业务模式：一是房地产开发企业与购房人签订地下车位的长期租赁合同,合同中约定使用期限终止时,房地产开发企业同意将该车位继续无偿提供给购房人使用,直到购房人购买房屋的产权期限届满为止；二是房地产开发企业采取一次性出售永久使用权的方式销售人防地下停车位,房地产开发企业与购房人签订转让协议,将人防停车位的实际使用权利转移给购房人,同时也将购房人购买车位的款项计入房地产转让费用之中。下面针对以上两种业务模式涉及的法务处理、财务处理和税务处理进行分析。

9.2.1 地下人防车位的法务处理

9.2.1.1 地下车位产权界定和管理的法律分析

《中华人民共和国民法典》第三百五十二条规定,建设用地使用权人建造的建筑物、构造物及其附属设施的所有权属于建设用地使用权人,但是有相反证据证明的除外。基于此规定,房地产开发企业作为建设用地使用权人,其建造的地下车位除人防车位外,所有权均属于房地产开发企业。因此,除人防车位外的无产权车位的所有权属于房地产开发企业。

《中华人民共和国民法典》第二百七十四条规定,建筑区划内的道路,属于业主共有,但是属于城镇公共道路的除外。建筑区划内的绿地,属于业主共有,但是属于城镇公共绿地或者明示属于个人的除外。建筑区划内的其他公共场所、公用设施和物业服务用房,属于业主共有。《中华人民共和国民法典》第二百七十五条、第二百七十六条规定,建筑区划内,规划用于停放汽车的车位、车库的归属,由当事人通过出售、附赠或出租等方式约定。建筑区划内,规划用于停放汽车的车位、车库应当首先满足业主的需要。基于此规定,房地产开发企业将人防车位之外的无产权车位出售给业主,无产权车位的所有权就归于业主,房地产开发企业将无产权车位出租给业主,业主就取得了无产权车位的使用权。

《中华人民共和国民法典》第二百五十四条明确规定国防资产属于国家所有。《中华人民共和国防空法》第二十二条规定,城市新建民用建筑,按照国家有关规定修建战时可用于防空的地下室。对于人民防空有关设施可以按照规定予以优惠,同时国家也特别鼓励和支持企事业单位、组织及个人进行人防工程的投资与建设,投资人防工程及建筑物的管理人为投资者,其收益也全归管理人所有。根据《中共中央 国务院 中央军委关于加强人民防空工作的决定》(中发〔2001〕9号的)的规定,要研究制定人民防空国有资产使用和管理办法,明晰人民防空设备设施的产权,实行产权与使用权、经营权的分离,把使用权、经营权推向市场,有偿出租、转让,为经济建设服务。基于以上规定,房地产开发企业投资将地下人防设施改造的车库的所有权归国家所有,但收益权、管理权归属于房地产开发企业。因此,房地产开发企业销售人防停车位是转让长期使用权行为。

另外,根据住房和城乡建设部对于商品房销售的面积计算公式及公共建筑面积的分摊规定,<u>人防工程的地下面积允许不计入公共面积,同时也不会作为公共建筑面积进行分摊</u>。

9.2.1.2 法务处理

通过以上法律分析,有关房地产开发企业投资将地下人防设施改造而成的人防车位,必须进行以下法务处理。

<u>第一,房地产开发企业由于没有拥有地下人防车位的产权,只能对人防车位进行出租或转让地下人防车位的长</u>

期使用权。

第二,房地产开发企业投资改造的地下人防车位享有经营管理收益权。

第三,人防工程的地下面积允许不计入公共面积,同时也不将其作为公共建筑面积进行分摊。

第四,地下人防车位的建筑面积不纳入容积率计算,因而不分摊土地成本。

9.2.2　房地产开发企业销售地下人防车位的财务处理

《房地产开发经营业务企业所得税处理办法》(国税发〔2009〕31号印发)第三十三条规定,利用地下基础设施形成的停车场所,作为公共配套设施进行处理。

国税发〔2009〕31号文件第二十七条规定,公共配套设施费属于开发产品计税成本支出。

国税发〔2009〕31号文件第十七条规定,企业在开发区内建造的会所、物业管理场所、电站、热力站、水厂、文体场馆、幼儿园等配套设施,按以下规定进行处理:①属于非营利性且产权属于全体业主的,或无偿赠与地方政府、公用事业单位的,可将其视为公共配套设施,其建造费用按公共配套设施费的有关规定进行处理。②属于营利性的,或产权归企业所有的,或未明确产权归属的,或无偿赠与地方政府、公用事业单位以外其他单位的,应当单独核算其成本。除企业自用应按建造固定资产进行处理外,其他一律按建造开发产品进行处理。基于以上税法政策规定,地下人防车位的财务处理如下。

第一,无论是有产权车位、无产权车位还是人防车位,地下车库位建设期间发生成本的归集核算的账务处理如下。

借:开发成本——某某项目——地下车位——建安成本和其他开发成本
贷:银行存款

第二,将地下车位的开发成本结转到公共配套设施的账务处理如下。

借:开发成本——某某项目——公共配套设施
贷:开发成本——某某项目——地下车位——建安成本和其他开发成本

第三,如果无产权车位、人防车位不用于营利(物业公司只收取车位管理费),即全体业主都可以使用(相当于产权归全体业主所有)停车位,则将地下车位的公共配套设施费用按照建筑面积法,在地面上不同业态的开发产品中进行分配,计入开发产品的计税成本。将分配计入某一业态开发产品的车库公共配套设施成本的会计核算如下。

借：开发产品——某某业态开发产品

贷：开发成本——某某项目——公共配套设施

第四,如果有产权的地下车位进行销售办理车位产权,无产权车位、人防车位用于营利(收取产权车位租赁费或转让车位使用费),则必须单独核算车位成本,并应分摊地下车位成本。分配成本的方法：地下车位没有纳入容积率计算则不分摊土地成本,只按照建筑面积法分摊建筑工程费用成本,否则要根据建筑面积法既分摊土地成本又分摊建筑工程费用成本。

案例分析 5
某开发项目地下车位分摊开发成本的涉税风险分析

一、案例介绍

2019年1月1日,某房地产开发企业开发新建一处精装修电梯公寓小区。2020年9月30日,该小区竣工并交付小区业主使用。该小区地上容积率为4.5,有15万平方米建筑面积可用于销售。其中,需要计入容积建筑面积的住宅面积有11万平方米,无须计入容积建筑面积且可进行产权办理的地下车位和储藏空间有4万平方米。该小区所有开发成本中,土地征用和土地拆迁补偿费用为3.5亿元,工程前期费用为3 000万元,各项建筑安装及工程费用为5亿元,开发总成本达为10亿元。地上单独承担成本为1.6亿元,地上、地下共同承担混合成本为3.3亿元,由地下部分单独承担的成本总计1 000万元,此外,还有基础设施建造费用为4 000万元、配套的公共设施建设费用为2 000万元、所有间接开发费用约为3 000万元、借款费用为3 000万元。

(1) 自竣工并交付业主使用之日(2020年9月30日),该住宅小区宣告售罄,平均销售价格为12 000元每平方米,住宅销售总收入达13.2亿元。

(2) 拥有产权证的地下车位(每个车位按35平方米计算)单价为15万元,但截至2020年12月31日,停车位的销售量仅占地下总停车位的40%,销售量仅有400个,销售总额为6 000万元。剩余600个地下停车位,在小区交付使用后的3年内按均价13万元/个售尽,销售总额为7 800万元。

(3) 地下人防5 000平方米,可划人防车位100个,不能办理产权,单个车位面积35平方米,已销售50个,剩余50个计划3年内全部销售,销售均价都为12万元/个。

根据以上数据,该小区地下停车位成本如何计算?

二、地下车位成本分摊计算分析

(1) 土地征用和土地拆迁补偿费用分摊分析。

本案例中,由于无须计入容积建筑面积且可办理产权的地下车位和储藏空间面积有 4 万平方米,不能办理产权的地下人防车位面积为 0.35 万平方米(100×35÷10 000),即因为地下停车位面积无须计入容积率,所以该小区土地成本全数摊入地上建筑面积。

(2) 建筑工程安装费的分摊分析。

该成本项目的建筑工程安装费包括整个开发项目地上、地下的建筑安装工程费用。若将原本与地下停车位毫无关系的地上建筑相关费用(工程费、安装费、装修装饰费以及景观绿化费)统统计入地下停车位的成本之中,由地上、地下合计建筑面积共同分摊,违背了成本核算的基本原则。这样会导致收入与成本不配比。因此,建筑工程安装费可分为地上建筑单独承担部分、地下建筑单独承担部分以及地上、地下共同承担的部分。

地上、地下共同承担的部分计算公式为:

地下应分摊建安成本 = 地下车位建安成本 + 地上、地下混合建安成本 ÷ (住宅可售面积 + 地下车位可售面积)

×地下车位可售面积＝1 000＋33 000÷(11＋4＋0.35)×(4＋0.35)＝10 351.79(万元)。

(3) 其他开发成本费用的分摊分析。

工程前期款项、基础设施建造款项、配套公用设施款项、间接开发款项、借款费用，上述五个计入成本的项目都具有一个性质，就是共同费用，而这些费用都与地下停车场关系密切，所以在进行地下停车位成本核算的时候需要分配计入。

地下应分摊的其他成本费用＝成本费用发生额÷(住宅可售面积＋地下车位可售面积)×地下车位可售面积＝(3 000＋4 000＋2 000＋3 000＋3 000)÷(11＋4＋0.35)×(4＋0.35)＝4 250.81(万元)。

(4) 地下车位总成本、单位成本计算。

地下总成本＝土地成本＋建安成本＋其他成本＝0＋10 351.79＋4 250.81＝14 602.6(万元)。

地下单位成本＝14 602.6×10 000÷(4.35×10 000)＝3 356.92(元/平方米)

已售地下车位成本＝有产权地下车位成本＋人防地下车位成本＝(3 356.92×400×35＋3 356.92×50×35)÷10 000＝5 287.15(万元)。

9.2.3 房地产开发企业销售地下人防车位的税务处理

9.2.3.1 增值税的处理

《营业税改征增值税试点实施办法》(财税〔2016〕36号附件1)所附的《销售服务、无形资产、不动产注释》规定,转让建筑物有限产权或者永久使用权的,转让在建的建筑物或者构筑物所有权的,以及在转让建筑物或者构筑物时一并转让其所占土地的使用权的,按照销售不动产缴纳增值税。

基于此规定,房地产开发企业发生以上两种业务模式的收费行为,必须依法按照销售不动产缴纳增值税。

9.2.3.2 企业所得税的处理

地下人防车位应当在取得销售收入时一次性计入计税收入,成本根据会计核算的单位地下成本按照配比原则在收入当期结转。

9.2.3.3 土地增值税的处理

《国家税务总局关于房地产开发企业土地增值税清算管理有关问题的通知》(国税发〔2006〕187号)第四条第(三)项规定,房地产开发企业开发建造的与清算项目配套的居委会和派出所用房、会所、停车场(库)、物业管理场所、变电站、热力站、水厂、文体场馆、学校、幼儿园、托儿所、医院、邮电通信等公共设施,均应按以下原则处理。

（1）建成后产权属于全体业主所有的，其成本、费用可以扣除。

（2）建成后无偿移交给政府、公用事业单位用于非营利性社会公共事业的，其成本、费用可以扣除。

（3）建成后有偿转让的，应计算收入，并准予扣除成本、费用。

基于以上规定，地下车位使用费用收入的土地增值税处理如下。

第一，如果地下人防车位和无产权的车位用于非营利性使用，只收取车位使用管理费用的情况下，则车位成本通过公共配套设施费用分摊到各业态开发产品的计税成本中，在土地增值税税前进行扣除，物业公司收取的车位管理费用不缴纳土地增值税。

第二，如果地下人防车位和无产权的车位发生长期租赁或销售转让使用权而收取的使用费，由于没有发生产权转让行为，不在土地增值税征收范围内，不缴纳土地增值税。其成本可以在土地增值税税前扣除，但要遵守各省的税务局的规定执行。有的省税务局规定：地下人防车位和无产权的车位发生长期租赁或销售转让使用权而收取的使用费，要缴纳土地增值税，其成本就可以在土地增值税税前扣除；有的省税务局规定：地下人防车位和无产权的车位发生长期租赁或销售转让使用权而收取的使用费,不需缴纳土地增值税,其成本也就不可以在土地增值税税前扣除。

9.2.3.4　房产税的处理

根据《财政部 国家税务总局关于具备房屋功能的地下建筑征收房产税的通知》(财税〔2005〕181号)的规定,凡在房产税征收范围内的具备房屋功能的地下建筑,包括与地上房屋相连的地下建筑以及完全建在地面以下的建筑、地下人防设施等,均应当依照有关规定征收房产税。<u>因此,由于地下人防车位没有产权,作为房地产开发企业自用或出租使用时,必须依法缴纳房产税。</u>

10

税收政策运用不当

10.1 相关税收政策分析

《财政部 国家税务总局关于营改增后契税 房产税 土地增值税 个人所得税计税依据问题的通知》(财税〔2016〕43号)第三条第二款规定,《土地增值税暂行条例》等规定的土地增值税扣除项目涉及的增值税进项税额,允许在销项税额中计算抵扣的,不计入扣除项目,不允许在销项税额中计算抵扣的,可以计入扣除项目。

《国家税务总局关于营改增后土地增值税若干征管规定的公告》(国家税务总局公告2016年第70号)第三条规定如下。

(1)营改增后,计算土地增值税的扣除项目中"与转让房地产有关的税金"不包括增值税。

(2)营改增后,城市维护建设税、教育费附加:凡能够按清算项目准确计算的,允许据实扣除。凡不能按清算项目准确计算的,则按该清算项目预缴增值税时实际缴纳的城市维护建设税、教育费附加扣除。

10.2 涉税风险分析

我们通过分析以上税收政策发现,有的房地产开发企业在对新老项目计算土地增值税扣除时,存在的多扣除成本,少缴纳土地增值税的涉税风险,具体如下。

(1) 营改增后开发的新项目,或选择一般计税方法计征增值税的老项目,在计算土地增值税时,将缴纳的增值税作为"与转让房地产有关的税金"进行了扣除。

(2) 营改增后开发的新项目,或选择一般计税方法计征增值税的老项目,将在增值税销项税额中抵扣的增值税进项税额,在土地增值税清算时进行了扣除。

(3) 营改增后,房地产开发企业实际缴纳的城市维护建设税、教育费附加,凡不能按清算项目准确计算的,对其进行据实扣除,没有按该清算项目预缴增值税时实际缴纳的城市维护建设税、教育费附加扣除。

以上三种行为导致房地产开发企业在土地增值税清算时,多扣除了成本,少缴纳了土地增值税。

10.3 涉税风险防控之策

根据以上营改增的税收政策规定,可得出涉税风险防控之策如下。

第一,针对营改增后开发的新项目,在土地增值税清算时,允许扣除的"与转让房地产有关的税金"不包括增值税。

第二,如果房地产开发项目是老项目,且选择简易计税方法依照5%计算增值税的,则各类开发成本中含有的增值税进项税额,不允许在增值税销项税额中抵扣。没有享受在增值税销项税额中抵扣的增值税进项税额必须在土地增值税清算中进行扣除。

第三,如果房地产开发项目是营改增后开发的新项目,且选择一般计税方法依照11%(2016年5月1日至2018年4月30日)、10%(2018年5月1日至2019年3月31日)、9%(2019年4月1日之后)计算增值税的,则各类开发成本中含有的增值税进项税额,允许在增值税销项税额中抵扣。享受在增值税销项税额中抵扣的增值税进项税额不可以在土地增值税清算中进行扣除。

第四,对于营改增后发生的城市维护建设税、教育费附加的扣除,凡能够按清算项目准确计算的,允许据实扣除;凡不能按清算项目准确计算的,则按该清算项目预缴增值税时实际缴纳的城市维护建设税、教育费附加扣除。

11

材料发票和建筑服务发票

11.1 涉税风险分析

为实现少缴纳土地增值税、企业所得税的目的,不少房地产开发企业通过"甲供材"业务要求材料供应商多开材料发票以及要求建筑施工企业多开建筑服务发票,并将其计入成本,从而增加开发成本,进而少缴纳土地增值税。

房地产开发企业多开材料发票的操作思路如下。

第一步:房地产开发企业与建筑企业签订建筑施工补偿协议。在协议中约定,房地产开发企业提供工程中的某些材料给施工企业进行施工。

第二步:房地产开发企业与材料供应商签订材料采购的假合同。在合同中约定购买材料的品种、型号规格和技术标准以及材料的价格单价、数量。同时还约定,货物由材料供应商负责运输到房地产开发企业指定的建筑工地上,价格含运输费用。

第三步:房地产开发企业通过公对公支付的形式,向材料供应商支付材料采购款。

第四步:材料供应商给房地产开发企业开具增值税发票。

第五步：材料供应商收取房地产的材料款后,扣除开具发票的税费和一定的管理费用,再通过材料供应商的某自然人的私人银行卡汇入房地产开发企业的某自然人私人银行卡。

第六步：材料供应商向房地产开发企业编制一份材料出库单、发货单,房地产开发企业与材料供应商双方在一式两份的材料验收确定单上签字。

房地产企业多开建筑服务业发票的操作思路如下。

第一步：房地产开发企业与建筑企业签订一份假的建筑施工增量工程或建筑施工合同,并在合同中约定工程概况、工程期限、合同价款。

第二步：房地产开发企业与建筑企业双方在工程结算单上签字确认。

第三步：房地产开发企业通过公对公支付的形式,向建筑企业支付工程劳务款。

第四步：建筑企业给予房地产开发企业开具增值税发票。

第五步：建筑企业收取房地产开发企业的材料款后,扣除开具发票的税费和一定的管理费用后,通过建筑企业的某自然人的私人银行卡汇入房地产开发企业的某自然人私人银行卡。

11.2 相关税收政策分析

《增值税发票开具指南》(税总货便函〔2017〕127 号附件)第二章第一节第八条规定,任何单位和个人不得有下列虚开发票行为:

(1) 为他人、为自己开具与实际经营业务情况不符的发票。

(2) 让他人为自己开具与实际经营业务情况不符的发票。

(3) 介绍他人开具与实际经营业务情况不符的发票。

根据《土地增值税清算管理规程》(国税发〔2009〕91 号印发)第二十一条第(一)项、第(二)项的规定,在土地增值税清算中,计算扣除项目金额时,其实际发生的支出应当取得但未取得合法凭据的不得扣除。扣除项目金额中所归集的各项成本和费用必须是在清算项目开发中直接发生的。

因此,在土地增值税清算中,扣除项目金额中所归集的各项成本和费用,必须是实际发生的才能扣除。通过虚构业务开具发票的行为属于虚开发票的行为,虚开的发票不是实际发生的支出,不可以在土地增值税税前扣除。

11.3 涉税风险防控之策

关于材料发票和建筑服务发票的土地增值税涉税风险的防控之策如下：

(1) 遵循"三流一致"或"四流一致"的税务风险管控原理。

具体而言，在企业的实际交易过程中，必须做到以下两项发票开票原则。

第一，发票开具必须与经济交易合同相匹配的原则。该原则有两层含义：一是增值税专用发票上的货物、服务名称、金额、数量必须与交易合同中注明的货物、服务名称、金额、数量保持一致。如果交易合同中没有具体的货物、服务名称、金额、数量的名称，则必须保证发票上的货物、服务名称、金额、数量必须与货物或服务结算书上的货物、服务名称、金额、数量保持一致。二是增值税专业发票上的开票金额必须与货款结算书的结算金额保持一致。如果出现材料、设备市场价格的涨价因素，则必须签订涨价的补偿协议。

第二，在有真实交易情况下才开具发票。该原则的含义是：只有在真实交易的情况下，而且必须在增值税纳税义务发生时间开具发票。根据《增值税发票开具指南》（税总货便函〔2017〕127号附件）第二章第二节第四条的规定，纳税人应在增值税纳税义务时间发生时开具增值税发票。基于此规定，在没有真实交易行为的情况下，开具发票是虚开发票的行为；有真实交易行为的情况下，必须在增值税纳税义务发生时间才开具增值税发票。

(2) 遵循合同价、发票价和决算价的"三价统一"。

所谓的"三价统一"是指符合民法规定具有法律效力的合同或协议上注明的价格、发票上填写的金额和结算价格都必须是相等的。实践中，发票上的金额是根据结算价而开具的。如果发票上的金额大于结算价，则一定是虚开发票；如果发票上的金额小于结算价，则企业有隐瞒收入的嫌疑。

(3) 建筑企业发票开具与工程造价清单相匹配。

建筑企业的成本发票在工程总造价中有一定的比例，这个比例就是在工程造价清单中的造价成本的基础上，上浮5%～10%。因此，建筑企业在开具发票时，必须牢记：成本发票上的材料、设备的品种、规格、型号、数量和技术标准必须与本工程项目的造价清单中的材料、设备的品种、规格、型号、数量和技术标准保持一致。

（4）建筑企业发票开具金额与工程计量确认单、工程劳务款进度结算和最终决算书上的结算金额保持一致。

（5）非合同结算收入与工程项目部的签证报告相匹配。

在建筑工程结算领域中，往往存在工程最后结算金额超过建筑合同所载明的合同金额的现象。其主要原因是存在非合同结算收入的情况：索赔结算收入、材料或人工费用市场波动调整结算收入、工程量变更和设计变更结算收入。以上三种非合同结算收入导致建筑企业向房地产开发企业多开具增值税发票，这种情况下要规避多开具的增值税发票金额是虚开增值税发票的风险。建筑企业在项目施工过程中，必须收集各种客观证据，将经监理师或房地产开发企业负责人签字的签证报告作为今后应对税务稽查的重要法律证据。

（6）建筑企业向房地产开发企业开具的发票的"备注栏"中必须标明建筑工程所在地的市区和项目名称。

12

以房抵工程款

12.1 涉税风险分析

12.1.1 以房抵工程款的涉税风险的特征

以房抵工程款的涉税风险的主要特征是：抵工程款的房屋定价"明显偏低且不合理"，导致房地产开发企业少缴纳土地增值税。

12.1.2 以房抵工程款须视同销售

<u>以房抵工程款必须视同销售依法缴纳土地增值税、增值税和企业所得税。</u>

根据《营业税改征增值税试点实施办法》(财税〔2016〕36号附件1)的规定，销售服务、无形资产或者不动产，是指有偿提供服务、有偿转让无形资产或者不动产。有偿，是指取得货币、货物或者其他经济利益。以房抵债属于取得其他经济利益的销售，需要缴纳增值税。

《中华人民共和国企业所得税法实施条例》第二十五条规定，企业发生非货币性资产交换，以及将货物、财产、劳务用于捐赠、偿债、赞助、集资、广告、样品、职工福利或者利润分配等用途的,应当视同销售货物、转让财产或者提供劳务,但国务院财政、税务主管部门另有规定的除外。

基于以上政策的规定,房地产开发企业与建筑企业签订以房抵工程款的协议。该协议工程折价的实质是房地产开发企业通过协议工程折价销售其建筑工程抵偿建筑企业的工程款,房地产开发企业要视同销售缴纳增值税、土地增值税和企业所得税。房地产开发企业与建筑企业达成的协议工程折价的价格往往偏低又无正当理由,导致视同销售收入减少,最终的结果是房地产开发企业少缴纳土地增值税。

12.1.3 税务机关给予纳税调整的政策依据

《中华人民共和国税收征收管理法》第三十五条第一款第(六)项规定,纳税人申报的计税依据明显偏低,又无正当理由的,税务机关有权核定其应纳税额。

根据《中华人民共和国增值税暂行条例》第七条、《中华人民共和国增值税暂行条例实施细则》第十六条的规定,纳税人销售货物或者应税劳务的价格明显偏低并无正当理由的,由主管税务机关按下列顺序确定销售额。

(1) 按纳税人最近时期同类货物的平均销售价格

确定。

(2) 按其他纳税人最近时期同类货物的平均销售价格确定。

(3) 按组成计税价格确定。组成计税价格的公式为：

组成计税价格＝成本×(1＋成本利润率)

属于应征消费税的货物,其组成计税价格中应加计消费税额。

公式中的成本是指销售自产货物的为实际生产成本,销售外购货物的为实际采购成本。公式中的成本利润率由国家税务总局确定。

《营业税改征增值税试点实施办法》(财税〔2016〕36号附件1)第四十四条规定,纳税人发生应税行为价格明显偏低或者偏高且不具有合理商业目的的,或者发生本办法第十四条所列行为而无销售额的,主管税务机关有权按照下列顺序确定销售额。

(1) 按照纳税人最近时期销售同类服务、无形资产或者不动产的平均价格确定。

(2) 按照其他纳税人最近时期销售同类服务、无形资产或者不动产的平均价格确定。

(3) 按照组成计税价格确定。组成计税价格的公式为：

$$组成计税价格 = 成本 \times (1 + 成本利润率)$$

成本利润率由国家税务总局确定。

不具有合理商业目的，是指以谋取税收利益为主要目的，通过人为安排，减少、免除、推迟缴纳增值税税款，或者增加退还增值税税款。

12.2 "价款明显偏低且不合理"的司法界定

《全国法院贯彻实施民法典工作会议纪要》(法〔2021〕94号印发)第一条规定,对于《中华人民共和国民法典》第五百三十九条规定的明显不合理的低价或者高价,人民法院应当以交易当地一般经营者的判断,并参考交易当时交易地的物价部门指导价或者市场交易价,结合其他相关因素综合考虑予以认定。转让价格达不到交易时交易地的指导价或者市场交易价70%的,一般可以视为明显不合理的低价;对转让价格高于当地指导价或者市场交易价30%的,一般可以视为明显不合理的高价。当事人对于其所主张的交易时交易地的指导价或者市场交易价承担举证责任。

基于此司法解释,房地产开发企业要使转让价格<u>明显偏低但合理的</u>,务必将价格定在不低于交易地的指导价或者市场交易价的70%。

因此,房地产开发企业与建筑企业就房屋抵工程款时,必须将抵工程款的房屋的定价定在不低于交易地的指导价或者市场交易价的70%。

12.3 涉税风险防控之策

根据以上法律税收政策分析,如果房地产开发企业与建筑企业发生"以房抵工程款"的情况,一定要审查和确认房地产开发企业以房抵建筑企业工程款的金额不得低于房地产开发企业用于抵建筑企业工程款的开发成品的市场价格的70%。

例如,房地产开发企业拖欠建筑企业工程款1 000万元,房地产开发企业抵建筑企业工程款的开发成品的市场交易价为2 000万元,因1 000万元小于1 400万元(2 000×70%),则该交易行为属于"价款明显偏低且不合理"的行为,必须对房地产开发企业依照1 400万元申报缴纳土地增值税。

13

只按照发票所载金额确认收入

13.1 相关税收政策分析

《国家税务总局关于土地增值税清算有关问题的通知》(国税函〔2010〕220号)第(一)条规定,土地增值税清算时,已全额开具商品房销售发票的,按照发票所载金额确认收入;未开具发票或未全额开具发票的,以交易双方签订的销售合同所载的售房金额及其他收益确认收入。销售合同所载商品房面积与有关部门实际测量面积不一致,在清算前已发生补、退房款的,应在计算土地增值税时予以调整。

《国家税务总局关于房地产开发企业土地增值税清算管理有关问题的通知》(国税发〔2006〕187号)第三条第(一)项规定,房地产开发企业将开发产品用于职工福利、奖励、对外投资、分配给股东或投资人、抵偿债务、换取其他单位和个人的非货币性资产等,发生所有权转移时应视同销售房地产,其收入按下列方法和顺序确认。

(1)按本企业在同一地区、同一年度销售的同类房地产的平均价格确定。

(2)由主管税务机关参照当地当年、同类房地产的市场价格或评估价值确定。

13.2 涉税风险分析

房地产开发企业在收入确认时,存在只按照发票所载金额确认收入,从而少缴纳土地增值税的风险。

在实际中,不少房地产开发企业存在销售开发产品、签订销售合同时未开具发票或未全额开具发票,或以开发产品用于捐赠、赞助、职工福利、奖励、对外投资、分配给股东或投资人、抵偿债务、换取其他企事业单位和个人的非货币性资产时未开具发票,未签订销售合同但实际已投入使用等行为。房地产开发企业发生以上经营交易行为,只按照发票所载金额确认土地增值收入,少确认了土地增值收入,进而少申报缴纳土地增值税,是一种漏税的行为。

13.3　涉税风险防控之策

对于房地产开发企业收入确定中所存在的土地增值税风险,可采用以下防控之策:

第一,全额开具商品房销售发票的收入确定方法——按照发票所载金额确认收入。比如,业主购买了一套商品房,合同总金额为120万元,发票开具也是120万元,那么在进行土地增值税清算时,就按照120万元确认收入申报缴纳土地增值税收入。

第二,未开具发票或未全额开具发票但签订销售合同的收入确定方法——以交易双方签订的销售合同所载的售房金额及其他收益确认收入。比如,业主购买了一套商品房,合同总金额为120万元,已付款120万元,但销售发票只开具了110万元,还有10万元会计挂在"其他应付款"。房地产开发企业在进行土地增值税清算时仍应当按照120万元确认商品房销售收入。因此,对税务机关来说,在审查房地产开发企业的土地增值税清算时,必须注意将发票金额与合同金额进行比对,并按照合同金额进行调整,避免房地产开发企业直接按照发票金额确认收入而少缴纳土地增值税的风险。

第三,未开具发票,未签订销售合同但实际已投入使用的收入确定方法——按本企业在同一地区、同一年度销售的同类房地产的平均价格确定。

第四,对未开具发票,未签订销售合同但实际未投入使用的收入确定方法——不确认收入。

14

预缴土地增值税

14.1 涉税风险分析

（1）预缴土地增值税的涉税风险特征是，房地产开发企业将"预收账款"长期挂在"其他应付款"，延期预缴土地增值税。

（2）房地产开发企业销售期房收取的"预收账款"必须按照一定的比例预缴土地增值税。

《土地增值税暂行条例实施细则》第十六条规定，纳税人在项目全部竣工结算前转让房地产取得的收入，由于涉及成本确定或其他原因，而无法据以计算土地增值税的，可以预征土地增值税，待该项目全部竣工、办理结算后再进行清算，多退少补。

《国家税务总局关于营改增后土地增值税若干征管规定的公告》(国家税务总局公告 2016 年第 70 号)第一条第二款规定，为方便纳税人，简化土地增值税预征税款计算，房地产开发企业采取预收款方式销售自行开发的房地产项目的，可按照以下方法计算土地增值税预征计征依据。

土地增值税预征的计征依据＝预收款－应预缴增值税税款

根据以上规定,我国对房地产开发企业销售期房的土地增值税实行先预缴后清算的征管制度。预缴土地增值税的计征依据是房地产开发企业向购房者收取的首付款和银行按揭款或全额付款。

(3) 房地产开发企业延期预缴土地增值税的账务处理。

基于以上规定,采取预收款方式销售自行开发的房地产项目的房地产开发企业,销售期房收取购房者的首付款和银行按揭款,在会计上是计入"预收账款"科目。在税法上,必须根据当地政府规定的一定比例,以"预收款-应预缴增值税税款"为土地增值税预征计征依据,预缴土地增值税。

为了实现延期预缴土地增值税以缓解资金流的目的,不少房地产开发企业将收取的购房者的首付款和银行按揭款在会计上计入"其他应付款"科目,直到移交开发产品向购房者开具发票时,再从"其他应付款"科目结转到"主营业务收入"科目。因此,在移交开发产品给购房者前,房地产开发企业通过以上的会计账务处理,并没有预缴土地增值税和增值税,是延期缴纳土地增值税的行为。

14.2 涉税风险防控之策

房地产开发企业预缴土地增值税涉税风险防控之策如下：

第一，房地产开发企业收取的"预收账款"必须与预缴的土地增值税相匹配。

第二，房地产开发企业将收取购房者的首付款和银行按揭款，必须在"预收账款"科目入账，不可以记入"其他应付款"科目。在移交商品房给购房者后，其必须将预收账款结转到主营业务收入。

15

预征土地增值税计征依据

15.1 预征土地增值税计征依据的选择

《国家税务总局关于营改增后土地增值税若干征管规定的公告》(国家税务总局公告2016年第70号)第一条第二款规定,为方便纳税人,简化土地增值税预征税款计算,房地产开发企业采取预收款方式销售自行开发的房地产项目的,可按照以下方法计算土地增值税预征计征依据:

$$\text{土地增值税预征的计征依据} = \text{预收款} - \text{应预缴增值税税款}$$

该税法规定中有一个特别的字——"可",意思是,税法允许房地产开发企业在预缴土地增值税时,可以选择土地增值税预征的计征依据。房地产开发企业既可以选择以"预收款-应预缴增值税税款"为计征依据,也可以选择其他的计征依据。

《财政部 国家税务总局关于营改增后契税 房产税 土地增值税 个人所得税计税依据问题的通知》(财税〔2016〕43号)第三条第一款规定,土地增值税纳税人转让房地产取得的收入为不含增值税收入。国家税务总局公告2016年第70号文件第一条第一款规定,营改增后,纳税人转让房地产的土地增值税应税收入不含增值税。适用增值税一般计税方法的纳税人,其转让房地产的土地增值税应税收入不含增值税销项税额;适用简易计税方法的纳税人,其转让房地产的土地增值税应税收入不含增值税应纳税额。基于此税法规定,土地增值税收入是不含增值税的。

因此,房地产开发企业采取预收款方式销售自行开发的房地产项目,在进行土地增值税预征时,可以以"预收款－应预缴增值税税款"作为计征依据,也可以选择其他的计征依据。如果不按照"预收款－应预缴增值税税款"作为房地产开发企业预缴土地增值税的预征依据,则就可以按照财税〔2016〕43号文件第三条的规定,将新项目按照"预收款÷(1+9%)",老项目按照"预收款÷(1+5%)"作为预征土地增值税的计税依据。也就是说,房地产开发企业采取预收款方式销售自行开发的房地产项目,在进行土地增值税预征时,有以下两种计征依据:

(1)第一种计征依据:土地增值税预征的计征依据 = 预收账款－应预缴增值税税款。

(2)第二种计征依据:新项目土地增值税预征的计征依据 = 预收账款÷(1+9%);老项目土地增值税预征的计税依据 = 预收账款÷(1+5%)。

案例分析 6
某房地产开发企业预缴土地增值税的涉税风险分析

假设房地产开发企业开发的项目属于老项目,当期销售期房的预收账款为 100 万元,土地增值税预征率是 2%。用两种计征依据计算预缴的土地增值税如下。

用第一种计征依据计算预缴的土地增值税金额:根据国家税务总局公告 2016 年第 70 号第一条第二款的规定,预缴的土地增值税 = [100 - (预缴的增值税)] × 2% = {100 - [100 ÷ (1 + 5%) × 3%]} × 2% = 1.94(万元)。

用第二种计征依据计算预缴的土地增值税金额:根据财税〔2016〕43 号文件第三条的规定,预缴的土地增值税 = [100 ÷ (1 + 5%)] × 2% = 1.90(万元)。

用第二种计征依据计算预缴的土地增值税金额比用第一种计征依据计算预缴的土地增值税金额少 0.04 万元(1.94 - 1.90)。

假设房地产开发企业开发的项目属于新项目,当期销售期房的预收账款为 100 万元,土地增值税预征率是 2%。用两种计征依据计算预缴的土地增值税如下。

用第一种计征依据计算预缴的土地增值税金额:根据国家税务总局公告 2016 年第 70 号文件第一条第二款

的规定,预缴的土地增值税 = [100 − (预缴的增值税)] × 2% = {100 − [100 ÷ (1 + 9%) × 3%]} × 2% = 1.95(万元)。

用第二种计征依据计算预缴的土地增值税金额：根据财税〔2016〕43号文件第三条的规定,预缴的土地增值税 = [100 ÷ (1 + 9%)] × 2% = 1.83(万元)。

用第二种计征依据计算预缴的土地增值税金额比用第一种计征依据计算预缴的土地增值税金额少0.12万元(1.95 − 1.83)。

15.2 涉税风险及其防控之策

15.2.1 涉税风险分析

房地产开发企业适用的预征土地增值税政策不当,会导致多预缴土地增值税。

15.2.2 涉税风险防控之策

房地产开发企业在预缴土地增值税时,可以选择第二个公式作为预缴土地增值税的计征依据。这样可以少预缴土地增值税,从而缓解现金压力。

16

共同成本费用分摊方法

16.1 财税依据分析

16.1.1 共同成本费用分摊的账务处理依据

《企业产品成本核算制度(试行)》(财会〔2013〕17号印发)第三十四条第一款规定,企业所发生的费用,能确定由某一成本核算对象负担的,应当按照所对应的产品成本项目类别,直接计入产品成本核算对象的生产成本;由几个成本核算对象共同负担的,应当选择合理的分配标准分配计入。

基于此规定,房地产开发企业开发项目中的住宅、商铺、写字楼共同负担的土地成本、建筑成本和期间成本必须采用合理的成本费用分摊方法进行分配。

16.1.2 共同成本费用分摊的税务依据

《国家税务总局关于房地产开发企业土地增值税清算管理有关问题的通知》(国税发〔2006〕187号)第四条第(五)项规定,属于多个房地产项目共同的成本费用,应按清算项目可售建筑面积占多个项目可售总建筑面积的比例或其他合理的方法,计算确定清算项目的扣除金额。

《土地增值税暂行条例实施细则》第九条规定,纳税人成片受让土地使用权后,分期分批开发、转让房地产的,其扣除项目金额的确定,可按转让土地使用权的面积占总面积的比例计算分摊,或按建筑面积计算分摊,也可按税务机关确认的其他方式计算分摊。

根据《房地产开发经营业务企业所得税处理办法》(国税发〔2009〕31号印发)第二十九条和第三十条的规定,共同成本和不能分清负担对象的间接成本,应按受益的原则和配比的原则分配至各成本对象,具体分配方法可按以下规定选择其一:占地面积法、建筑面积法、直接成本法与预算造价法。

基于以上规定,从税收征管实践来看,全国各地税务机关在对房地产开发企业同一项目不同类型的房地产进行土地增值税清算时,其相关共同成本费用的分摊方法主要有三种:一是可售建筑面积百分比法,二是占地面积百分比法,三是税务机关确认的其他合理方法(暂无统一规定)。其中第三种"税务机构确认的其他合理方法"是指常见的直接成本法、预算造价法和层高系数建筑面积法。现有的税法规定使房地产开发企业可以自由选择少缴纳土地增值税的成本费用分摊方法。因此,这些共同成本费用的不同分摊方法的税法规定为房地产开发企业留下了节税的空间。

16.2 涉税风险分析

不同的共同成本费用分摊方法在土地增值税清算中的运用,会对房地产开发企业产生重要的纳税影响,也会对国家的税收收入产生影响。对国家而言,应选择多缴纳土地增值税的成本分摊方法;对房地产开发企业而言,应选择少缴纳土地增值税的成本分摊方法。税法规定的"税务机关确认的其他合理方法",也就是说,房地产开发企业无论选择哪一种对自己有利的缴纳土地增值税的成本分摊方法,都要经过税务机关确认为合理。但"其他合理"的判断标准和衡量标准税法并没有明确规定,这就很容易产生税企争议,导致不和谐的税收征管,"人情执法"或"人情税"滋生腐败执法、阻碍依法治税和税收法定原则的贯彻落实。因此,不同的共同成本费用分摊方法运用的涉税风险主要体现在:一是"人情执法",税务机关与企业之间共同联合选择少缴纳土地增值税的成本分摊方法,致使国家大量的税收流失;二是税企之间的争议矛盾恶化,导致产生不和谐的税收征管环境,破坏良好的营商环境。

16.3 不同的共同成本分摊方法的土地增值税差异分析

16.3.1 共同土地成本按照建筑面积法和占地面积法计算的土地增值税差异分析

案例分析 7

某房地产公司共同土地成本按照建筑面积法和占地面积法计算的土地增值税差异分析

一、案例介绍

某房地产公司在一块 20 000 平方米的土地上进行房地产开发,其取得土地使用权所支付的金额为 2 000 万元。该房地产公司在这块土地上建了两幢楼。一幢为非普通住宅,占地面积(包括周围的道路及绿地等)12 000 平方米,建筑面积 20 000 平方米,非普通住宅已出售完毕;一幢为写字楼,占地面积(包括周围道路及绿地等)8 000 平方米,建筑面积为 30 000 平方米,写字楼尚未转让。请分析非普通住宅的土地成本应如何分配?

二、土地增值税计算差异分析

按照按非普通住宅占地面积占总占地面积的比例分摊（占地面积法），计算非普通住宅应分摊的土地成本金额时，非普通住宅应分摊的土地使用权金额为1 200万元（12 000÷20 000×2 000）。

按非普通住宅可售建筑面积占总可售建筑面积的比例分摊（建筑面积法），非普通住宅应分摊的土地使用权金额为800万元[20 000÷（20 000＋30 000）×2 000]。

两种分摊方法之间的差异高达400万元（1 200－800）。

由于土地成本是房地产开发企业加计扣除费用和开发费用计提基数的重要组成部分，不同的分摊方法将再次放大这种差异。本案例中，假定利息费用不能据实扣除，最终整个扣除项目总差异为520万元[400×（1＋20%＋10%）]。

因此，本案例中房地产公司选择第二种分配方法可以使本公司少缴土地增值税。

16.3.2 共同土地成本按照建筑面积法和层高系数建筑面积法计算的土地增值税差异分析

房地产开发企业同一项目中既包含住宅,又包含其他类型用房的,扣除项目金额在不同类型用房中的分摊可选择采用建筑面积法(建筑面积分摊法)或层高系数建筑面积法(层高系数建筑面积分摊法)计算分配,两者计算出的土地增值税差异也较大。其中层高系数面积法具体计算口径和步骤如下。

16.3.2.1 计算层高系数

在房地产企业同一项目(包含不同类型房地产)中,选取住宅层高为基数,设定为1;层高低于住宅的,以1为系数;其他类别用房层高高于住宅层高的,按其他类别用房层高与住宅层高之比,计算出其层高系数。计算公式如下:

$$某类型用房的层高系数 = \frac{该类型用房的层高}{住宅的层高}$$

16.3.2.2 计算层高系数面积

层高系数面积的计算公式如下:

$$总层高系数面积 = \sum \left(某类型用房层高系数 \times 某类型用房可售建筑面积 \right)$$

$$\text{某类型用房已售部分的层高系数面积} = \text{某类型用房层高系数} \times \text{某类型用房已售建筑面积}$$

16.3.2.3 计算不同类型用房已售部分可分摊的房地产开发成本

某类型用房已售部分应分摊的房地产开发成本的计算公式如下：

$$\text{某类型用房已售部分应分摊的房地产开发成本} = \frac{\text{房地产开发总成本}}{\text{总层高系数面积}} \times \text{某类型用房已售部分的层高系数面积}$$

案例分析8

某房地产公司土地清算扣除项目金额按照建筑面积法和层高系数建筑面积法计算的土地增值税差异分析

一、基本情况

某房地产公司清算项目A，项目A包含不同类型用房。其中普通住宅可售建筑面积20 000平方米，已售18 000平方米；非普通住宅可售建筑面积10 000平方米，已售9 000平方米（住宅层高3米）；商用房可售建筑面积5 000平方米，已售4 500平方米，其中商用房层高4.5米的有3 000平方米，已售2 700平方米，5.5米的有2 000平方米，已售1 800平方米。扣除项目金额为100 000万元。请分析按建筑面积法或层高系数建筑面积法分别计算可扣除项目金额对土地增值税的影响。

二、按照建筑面积法和层高系数建筑面积法计算的土地增值税差异分析

方法一：建筑面积法。

（1）计算每平方米应分摊的扣除项目＝扣除项目总金额÷总可售建筑面积＝100 000÷(20 000＋10 000＋5 000)＝2.86(万元/平方米)。

（2）已售普通住宅应分摊的扣除项目＝2.86×18 000＝51 480(万元)。

（3）已售非普通住宅应分摊的扣除项目＝2.86×9 000＝25 740(万元)。

（4）已售商用房应分摊的扣除项目＝2.86×4 500＝12 870(万元)。

已售房扣除金额合计：90 090万元。

方法二：层高系数建筑面积法。

（1）计算层高系数。

① 4.5米商用房层高系数＝该类型用房层高÷住宅层高＝4.5÷3＝1.5。

② 5.5米商用房层高系数＝该类型用房层高÷住宅层高＝5.5÷3＝1.83。

(2) 计算层高系数面积。

① 总层高系数面积 = $\sum$（某类型用房层高系数×某类型用房可售建筑面积）= 1×20 000 + 1×10 000 + 1.5×3 000 + 1.83×2 000 = 20 000 + 10 000 + 4 500 + 3 660 = 38 160（平方米）。

② 某类型用房已售部分的层高系数面积 = 某类型用房层高系数×某类型用房已售建筑面积。

普通住宅已售部分层高系数建筑面积 = 1×18 000 = 18 000（平方米）。

非普通住宅已售部分层高系数建筑面积 = 1×9 000 = 9 000（平方米）。

4.5米商用房已售部分层高系数建筑面积 = 1.5×2 700 = 4 050（平方米）。

5.5米商用房已售部分层高系数建筑面积 = 1.83×1 800 = 3 294（平方米）。

(3) 计算不同类型用房已售部分可分摊的房地产开发成本。

某类型用房已售部分应分摊的房地产开发成本 = 房地产开发总成本÷总层高系数面积×某类型用房已售部分的层高系数面积。

① 普通住宅已售部分应分摊的房地产开发成本 = 100 000 ÷ 38 160 × 18 000 = 47 169.81（万元）。

② 非普通住宅已售部分应分摊的房地产开发成本 = 100 000 ÷ 38 160 × 9 000 = 23 584.91（万元）。

③ 4.5 米商用房已售部分应分摊的房地产开发成本 = 100 000 ÷ 38 160 × 4 050 = 10 613.21（万元）。

④ 5.5 米商用房已售部分应分摊的房地产开发成本 = 100 000 ÷ 38 160 × 3 294 = 8 632.08（万元）。

商用房扣除金额：19 245.29 万元。

已售房扣除金额合计：90 000.01 万元。

三、涉税分析结论

通过以上数据计算发现：选择层高系数建筑面积法计算的商用房分摊的开发成本为 19 245.29 万元，比选择建筑面积法计算的商用房分摊的开发成本 12 870 万元多 6 375.29 万元。如果考虑房地产开发企业开发成本加计扣除的因素，最终整个扣除项目总差异高达 8 287.88 万元 [6 375.29 × (1 + 20% + 10%)]。

因此，本案例中房地产公司清算项目 A 选择层高系数建筑面积法的分配方法可以使房地企业少缴纳土地增值税。

16.4 涉税风险防控之策

关于共同成本费用分摊方法的土地增值税风险防控之策,必须从以下两方面来进行防控。

第一,站在国家政策层面来讲,建议国家税务总局尽快修改《国家税务总局关于房地产开发企业土地增值税清算管理有关问题的通知》(国税发〔2006〕187号)关于"土地增值税扣除项目中的共同费用分摊方法的具体规定",明确哪些共同成本费用支出项目选择占地面积法进行分摊,哪些共同成本费用支出项目可以选择建筑面积法进行分摊,以便房地产开发企业依照税收法定原则,进行纳税处理,堵塞国家税收流失的政策漏洞。

第二,站在房地产开发企业纳税的角度而言,在目前"共同费用可供多项分摊方法选择"的税收政策规定下,首先建议房地产开发企业在进行土地增值税清算前,可以按照建筑面积法、占地面积法、层高系数建筑面积法、预算造价法等方法分别计算各种分摊方法下应缴纳的土地增值税金额;其次,确定应缴纳最少土地增值税的共同费用分摊方法;最后,提供相关法律证据资料,与房地产开发项目所在地的税务主管部门进行协商沟通,争取税务主管人员的同意,选择缴纳土地增值税最少的共同费用分摊方法。

17

分期开发项目内"公共配套设施"建设时间安排

17.1 相关税收政策分析

《土地增值税暂行条例》第六条第（三）项规定，计算土地增值税的扣除项目包括"新建房及配套设施的成本、费用"。《土地增值税暂行条例实施细则》第七条第（二）项规定，开发土地和新建房及配套设施的成本，是指纳税人房地产开发项目<u>实际发生的成本</u>，包括土地征用及拆迁补偿费、前期工程费、建筑安装工程费、基础设施费、公共配套设施费、开发间接费用。

《国家税务总局关于房地产开发企业土地增值税清算管理有关问题的通知》（国税发〔2006〕187号）第四条"土地增值税的扣除项目"第（一）项规定，房地产开发企业办理土地增值税清算时计算与清算项目有关的扣除项目金额，应根据《土地增值税暂行条例》第六条及其实施细则第七条的规定执行。除另有规定外，扣除取得土地使用权所支付的金额、房地产开发成本、费用及与转让房地产有关税金，须提供合法有效凭证；<u>不能提供合法有效凭证的，不予扣除</u>。

国税发〔2006〕187号文件第四条"土地增值税的扣除

项目"第(三)项规定,房地产开发企业开发建造的与清算项目配套的居委会和派出所用房、会所、停车场(库)、物业管理场所、变电站、热力站、水厂、文体场馆、学校、幼儿园、托儿所、医院、邮电通信等公共设施,按以下原则处理:

(1) 建成后产权属于全体业主所有的,其成本、费用可以扣除。

(2) 建成后无偿移交给政府、公用事业单位用于非营利性社会公共事业的,其成本、费用可以扣除。

(3) 建成后有偿转让的,应计算收入,并准予扣除成本、费用。

国税发〔2006〕187号文件第四条"土地增值税的扣除项目"第(四)项规定,房地产开发企业的预提费用,除另有规定外,不得扣除。

国税发〔2006〕187号文件第四条"土地增值税的扣除项目"第(五)项规定,属于多个房地产项目共同的成本费用,应按清算项目可售建筑面积占多个项目可售总建筑面积的比例或其他合理的方法,计算确定清算项目的扣除金额。《土地增值税清算管理规程》(国税发〔2009〕91号印发)第二十四条第(三)项规定,审核公共配套设施费时应当重点关注多个(或分期)项目共同发生的公共配套设施费,是否按项目合理分摊。由此可见,如果发生的公共配套设施费是多个(或分期)项目共同发生的,要按可售建筑面积占比法或其他合理方法进行分摊,分摊后据以扣除。

17.2 涉税风险分析

房地产分期开发项目内的"公共配套设施"建设时间安排涉及房地产开发企业土地增值税清算问题。为了使分期开发项目内的"公共配套设施"建设成本能在土地增值税清算中扣除，房地产开发企业务必先安排项目内的"公共配套设施"的建设，而不能将项目内"公共配套设施"的建设安排在最后的期限。

土地增值税税前扣除的"公共配套设施"成本必须同时满足以下四个条件。

第一，在土地增值税税前扣除的"公共配套设施"成本必须是房地产项目内实际发生的成本；如果"公共配套设施"的成本没有实际发生，则不可以在土地增值税税前进行扣除。

第二，在土地增值税税前扣除的"公共配套设施"成本，须提供合法有效凭证；不能提供合法有效凭证的，不予扣除。

第三，在土地增值税税前扣除的"公共配套设施"成本，必须是在项目内已经建成的"公共配套设施"发生的成本。

第四,分期项目内发生的"公共配套设施"成本必须按清算项目可售建筑面积占多个项目可售总建筑面积的比例或其他合理的方法,计算确定清算项目的扣除金额。

17.3 涉税风险防控之策

当房地产开发企业分期开发项目时,为了节约土地增值税,必须先建设各期项目分摊的"公共配套设施"成本项目,使得各期项目土地增值税清算时可以扣除其分摊的"公共配套设施"成本。下面以甲房地产开发企业分期开发项目为例进行分析。

案例分析 9
甲房地产开发企业公共配套设施建设时间安排的土地增值税差异分析

甲房地产开发企业分三期开发某高档住宅小区项目,其中第一期、第二期是高档住宅,第三期是公共配套设施——幼儿园和社区文化活动中心。公共配套设施预计建设周期为 2 年,预算造价 8 500 万元。目前该项目第一期、第二期已销售 90%,符合土地增值税清算条件。第三期公共配套设施——幼儿园和社区文化活动中心还在筹建之中。企业在清算第一期、第二期的土地增值税时,按第一期、第二期的建筑面积分摊扣除了幼儿园和社区文化活动中心的预算成本 8 500 万元,其中第一期扣除 5 500 万元,第二期扣除 3 000 万元。可是税务机关对第一期、第二期住宅土地增值税清算时分别扣除的5 500万元和3 000万元的"公共配套设施"成本不予认同,结果导致甲房地产开发企业要多缴3 000多万元的土地增值税。为什么甲房地产开发企业在土地增值税清算时,不可以扣除"公共配套设施"成本?理由如下。

首先,第三期公共配套设施幼儿园和社区文化活动中心的成本没有实际发生,则没有实际发生的成本发票。

其次,第三期公共配套设施幼儿园和社区文化活动中心还没有建成,正在筹建之中。

再次,没有建成的"公共配套设施",不可以预提成本在土地增值税税前扣除,但可以预提成本在企业所得税税前扣除。根据《房地产开发经营业务企业所得税处理办法》(国税发〔2009〕31号印发)第三十二条第(二)项的规定,公共配套设施尚未建造或尚未完工的,可按预算造价合理预提建造费用。在企业所得税税前扣除必须具备以下条件:此类公共配套设施必须符合已在售房合同、协议或广告、模型中明确承诺建造且不可撤销,或按照法律法规规定必须配套建造。

最后,只有在甲房地产开发企业第三期公共配套设

17 分期开发项目内"公共配套设施"建设时间安排

施幼儿园和社区文化活动中心建成,并取得合法的成本发票后,才可以考虑在第一期和第二期的清算项目中进行分摊。可本案例中第三期公共配套设施幼儿园和社区文化活动中心还未建成,其成本无法在计算土地增值税税前扣除,更不能在第一期和第二期开发项目中进行分摊扣除。

因此,如果本案例中的甲房地产开发企业先把公共配套设施幼儿园和社区文化活动中心作为第一期的项目建设完工,再把第一期、第二期的高档住宅作为第二期、第三期开发建设,则公共配套设施幼儿园和社区文化活动中心的预算造价 8 500 万元可以在土地增值税税前扣除,可以节约 3 000 多万元的土地增值税。

18

收购烂尾楼的收购支出（不含增值税金额）

18.1 涉税风险分析

收购方收购烂尾楼(在建项目)后继续开发再销售的土地增值税处理,主要涉及收购方和被收购方。本小节主要论述收购方收购行为中的涉税风险。对于收购方而言,收购行为中存在的土地增值税风险主要体现在:<u>收购烂尾楼的收购支出(不含增值税金额)在土地增值税清算时加计扣除而少缴纳土地增值税</u>。

18.2 涉税风险防控之策

18.2.1 被收购方的土地增值税处理

由于被收购方(房地产开发企业)转让烂尾楼(在建项目)的经济行为,按照转销售"不动产"税目计征增值税,被收购方在计算土地增值税时,依照《土地增值税暂行条例》及其实施细则的规定计算土地增值税,其购买的土地成本和前期发生的开发成本享受作为土地成本和房地产开发成本加计20%扣除以及房地产开发费用按比例计算扣除的基数。

18.2.2 收购方的土地增值税处理

关于收购烂尾楼(在建项目)的土地增值税的处理分为两种情况:一是购入烂尾楼(在建项目)后进行实质性改良或开发,再行转让,收购支出(支付的价款及税金)能否进行加计扣除;二是收购烂尾楼(在建项目)未进行任何实质性的改良或开发即再行转让,收购支出(支付的价款及税金)是否可以加计扣除。具体分析如下。

(1) 购入烂尾楼后进行实质性改良或开发,再行转让,收购支出(不含增值税税额)的土地增值税处理:收购支出在土地增值税税前扣除,但不可以加计扣除。

根据《国家税务总局关于营改增后土地增值税若干征管规定的公告》(国家税务总局公告 2016 年第 70 号)第三条第(一)项的规定,计算土地增值税的扣除项目中"与转让房地产有关的税金"不包括增值税。

《财政部 国家税务总局关于营改增后契税 房产税 土地增值税 个人所得税计税依据问题的通知》(财税〔2016〕43 号)第三条第二款规定,《土地增值税暂行条例》等规定的土地增值税扣除项目涉及的增值税进项税额,允许在销项税额中计算抵扣的,不计入扣除项目,不允许在销项税额中计算抵扣的,可以计入扣除项目。

根据以上税收政策规定,收购方因收购烂尾楼(在建项目)而抵扣了被收购方开具给收购方增值税专用发票上的增值税进项税额,不可以列为收购方销售改良或开发的烂尾楼而计算土地增值税的土地增值税扣除项目。但是根据《土地增值税暂行条例》的土地增值税扣除项目的规定,收购方收购烂尾楼的收购支出相当于购买土地的支出或购买在建工程的支出,因此,收购方收购烂尾楼的收购支出(不含增值税金额)可以在计算土地增值税税前进行

18 收购烂尾楼的收购支出（不含增值税金额）

扣除，但不可以加计扣除。

由于各地执法口径不一，具体要参照各地的地方税收政策规定。例如，青岛市税务局规定，根据《房地产开发项目土地增值税清算有关业务问题问答》（青地税函〔2009〕47号印发）第五条的规定，加计取得未竣工房地产所支付的价款和改良开发未竣工房地产成本两项之和的20%。又如，浙江省、山东省济宁市的税务局规定，收购支出不得作为土地成本和房地产开发成本加计20%扣除以及房地产开发费用按比例计算扣除的基数。

(2) 收购烂尾楼（在建项目）未进行任何实质性的改良或开发即再行转让的，收购支出（不含增值税税额）的土地增值税处理：收购支出在土地增值税税前扣除，但不可以加计扣除。

根据《土地增值税清算鉴证业务准则》（国税发〔2007〕132号印发）第三十八条第(三)项的规定，对于取得了房地产产权后，未进行任何实质性的改良或开发即再行转让的，审核是否按税收规定计算扣除项目金额，核实有无违反加计扣除的税收规定情形。基于此规定，收购烂尾楼（在建项目）未进行任何实质性的改良或开发即再行转让的，收购支出（支付的价款及税金）可以在计算土地增值税税前进行扣除，但是不可以加计扣除。

19

项目内配建公共配套设施无(有)偿移交给政府

19.1 相关法律分析

19.1.1 产权归属的法律规定

根据《民法典》第二百七十四条的规定，建筑区划内的道路，属于业主共有，但是属于城镇公共道路的除外。建筑区划内的绿地，属于业主共有，但是属于城镇公共绿地或者明示属于个人的除外。建筑区划内的其他公共场所、公用设施和物业服务用房，属于业主共有。

根据《中华人民共和国人民防空法》第五条的规定，国家对人民防空设施建设按照有关规定给予优惠。国家鼓励、支持企业事业组织、社会团体和个人，通过多种途径，投资进行人民防空工程建设；人民防空工程平时由投资者使用管理，收益归投资者所有。

同时，根据《中华人民共和国民法典》第二百五十四条的规定，国防资产属国家所有。

基于以上法律规定，地下人防设施应为国家所有；通过地下人防设施改造的车库，收益归投资者所有。

《物业承接查验办法》（建房〔2010〕165号印发）第十七

条规定,建设单位应当依法移交有关单位的供水、供电、供气、供热、通信和有线电视等共用设施设备,不作为物业服务企业现场检查和验收的内容。《信息产业部建设部关于进一步规范住宅小区及商住楼通信管线及通信设施建设的通知》(信部联规〔2007〕24号)第一条第二款也明确规定,通信设施作为项目配套设施统一移交。

19.1.2 产权归属的法律分析

通过以上法律规定可知,房地产开发企业项目内建造公共配套设施的产权归属分为以下两种情况。

第一,产权归属于全体业主的公共配套设施。

建筑区划内的道路,绿地,喷泉用地,居委会用房,会所,停车场(库),物业服务用房,变电站,热力站,水厂,文体场馆,健身设施或用房,环境卫生用房,自行车棚,移交给政府公用事业单位管理的供水、供电、供气、供热、邮电通讯、通信和有线电视等公用设施,其他公共场所和占用业主共有的道路或者其他场地用于停放汽车的车位等都属于全体业主共有。

第二,产权归属于地方政府的公共配套设施。

建筑区域内建筑造的并无偿赠与地方政府、政府公用事业单位的派出所、中小学校、幼儿园、托儿所、医院用房、地下人防设施、邮电场所、公共汽车交通站、文体中心、廉租房等公共配套设施都属于地方政府所有。

19.1.3　配建保障性住房的土地供应

<u>配建保障性住房在经济适用住房或者普通商品住房项目的土地上配建。</u>

《廉租住房保障办法》(建设部令第162号)第十二条规定,实物配租的廉租住房来源主要包括：①政府新建、收购的住房；②腾退的公有住房；③社会捐赠的住房；④其他渠道筹集的住房。

该文件第十四条第一款、第三款规定,新建廉租住房,应当采取配套建设与相对集中建设相结合的方式,主要在经济适用住房、普通商品住房项目中配套建设。配套建设廉租住房的经济适用住房或者普通商品住房项目,应当在用地规划、国有土地划拨决定书或者国有土地使用权出让合同中明确配套建设的廉租住房总建筑面积、套数、布局、套型以及建成后的移交或回购等事项。

19.1.4　配建保障性住房的资金来源

<u>配建保障性住房的土地出让金的一部分属于财政资金。</u>

《国务院办公厅关于规范国有土地使用权出让收支管理的通知》(国办发〔2006〕100号)第三条规定,土地出让收入使用范围:①征地和拆迁补偿支出,包括土地补偿费、安置补助费、地上附着物和青苗补偿费、拆迁补偿费。②土地开发支出,包括前期土地开发性支出以及按照财政部门规定与前期土地开发相关的费用等。③支农支出,包括计提农业土地开发资金、补助被征地农民社会保障支出、保持被征地农民原有生活水平补贴支出以及农村基础设施建设支出。④城市建设支出,包括完善国有土地使用功能的配套设施建设支出以及城市基础设施建设支出。⑤其他支出,包括土地出让业务费、缴纳新增建设用地土地有偿使用费、计提国有土地收益基金、城镇廉租住房保障支出、支付破产或改制国有企业职工安置费支出等。

基于以上土地出让金的支出范围来看,配建保障性住房的资金来源于土地出让金的一部分。

19.2 涉税风险及其防控之策

19.2.1 涉税风险

房地产开发企业项目内配建公共配套设施无(有)偿移交给政府时,进行视同销售处理,致使房地产开发企业多缴纳土地增值税。

19.2.2 涉税风险防控之策

<u>防控之策一</u>:房地产开发企业项目内建造公共配套设施无偿移交给地方政府的,<u>不视同销售,不征收土地增值税,但其成本、费用可以在土地增值税税前扣除</u>。

根据《土地增值税暂行条例实施细则》和《土地增值税暂行条例》的规定,土地增值税的纳税义务人是"转让国有土地使用权、地上的建筑物及其附着物并取得收入的单位和个人",即土地增值税的纳税义务人是指以出售或者其他方式有偿转让房地产的行为,不包括继承、赠与方式转让房地产的行为。

根据《财政部 国家税务总局关于土地增值税一些具

体问题规定的通知》(财税字〔1995〕48号)第四条第(一)项、第(二)项的规定,《土地增值税暂行条例实施细则》中不征税的"赠与"行为包括:①房产所有人、土地使用权所有人将房屋产权、土地使用权赠与直系亲属或承担直接赡养义务人的;②房产所有人、土地使用权所有人通过中国境内非营利的社会团体、国家机关将房屋产权、土地使用权赠与教育、民政和其他社会福利、公益事业的。

根据《国家税务总局关于房地产开发企业土地增值税清算管理有关问题的通知》(国税发〔2006〕187号)第四条第(三)项第一目、第二目的规定,房地产开发企业开发建造的与清算项目配套的居委会和派出所用房、会所、停车场(库)、物业管理场所、变电站、热力站、水厂、文体场馆、学校、幼儿园、托儿所、医院、邮电通信等公共设施,按以下原则处理:①建成后产权属于全体业主所有的,其成本、费用可以扣除;②建成后无偿移交给政府、公用事业单位用于非营利性社会公共事业的,其成本、费用可以扣除。

基于以上税收法规政策规定,房地产开发企业项目内建造公共配套设施无偿移交给地方政府的行为属于财税字〔1995〕48号文件中"赠与"行为的第二种。因此,不属于土地增值税的征税范围,不应该确认收入,不征收土地增值税。但其成本、费用可以在房地产开发企业土地增值税税前扣除。

防控之策二：房地产开发企业项目内建造公共配套设施有偿移交给地方政府的，依法缴纳土地增值税。

<u>房地产开发企业项目内建造公共配套设施有偿移交给地方政府，是有偿转让国有土地及其建筑物的行为，属于有偿的销售行为，必须依法缴纳土地增值税。</u>

20

代收"基础设施建设费"

20.1 代收"基础设施建设费"的业务模式

根据《企业产品成本核算制度(试行)》(财会〔2013〕17号附件)第二十六条第五款、《土地增值税暂行条例实施细则》第七条第(二)项的规定,所谓的"基础设施建设费"是指开发项目在开发过程中发生的道路、供水、供电、供气、供暖、排污、排洪、消防、通信、照明、有线电视、宽带网络、智能化等社区管网工程费和环境卫生、园林绿化等园林、景观环境工程费用等。

在销售过程中,房地产开发企业发生代收"基础设施建设费"的业务模式有如下两种。

业务模式一:房地产开发企业与客户签订的售房合同中,房价含有为有线电视台、煤气公司、热力公司等第三方代收的有线电视开户费、管道煤气开户费等费用,即房地产开发企业直接向购房者收取以上代收的基础设施建设费用,一并计入房价后,开具发票给购买者。

业务模式二:房地产开发企业与客户签订的售房合同中,房价不含有为有线电视台、煤气公司、热力公司等第三方代收的有线电视开户费、管道煤气开户费等费用,即房地产开发企业直接向购房者收取以上代收的基础设施建设费用,该费用与房价分开收取,不计入房价,由第三方开具发票给购买者。

20.2 代收"基础设施建设费"的法务处理

企业应选择业务模式一而非业务模式二。

企业经营过程中选择的业务模式必须与法律、法规相关规定相匹配，否则可能属于违法行为，存在法律风险。因此，对于以上所谈的代收"基础设施费用"的两种业务模式，房地产开发企业必须选择业务模式一而非业务模式二。因为根据相关法律法规的规定，房地产开发企业代收的"基础设施建设费用"必须含在房价中，如果房地产开发企业销售商品房的过程中，在房价之外另行收取煤气管道开通费、有线电视、供水、供气安装费，就属于违法行为。具体法律依据分析如下。

《中华人民共和国价格法》第十三条规定，经营者不得在标价之外加价出售商品，不得收取任何未予标明的费用。

《企业产品成本核算制度（试行）》（财会〔2013〕17号附件）第二十六条第一款、第五款规定，房地产开发企业一般设置土地征用及拆迁补偿费、前期工程费、建筑安装工程费、基础设施建设费、公共配套设施费、开发间接费、借款费用等成本项目。"基础设施建设费"是指开发项目在开发过程中发生的道路、供水、供电、供气、供暖、排污、排洪、消防、通信、照明、有线电视、宽带网络、智能化等社区管网工程费和环境卫生、园林绿化等园林、景观环境工程费用等。

基于以上法律政策规定,住宅小区的公共基础设施建设费包含在商品房的价格之中。若供气、有线电视、宽带网络等基础设施费已包含在房价之中,房地产公司再向业主收取管道煤气开通费、有线电视初装费用等基础设施费用就是在商品房的标价之外加价收费。这是一种重复收费的行为,也是一种违法收费行为。

通过以上法律依据分析,得出如下结论。

第一,房地产开发企业在与购房者签订售房合同时,不能约定在房价之外另行向购房者收取煤气管道开通费,有线电视、网络、供水、供气初装费等"基础设施费用"。

第二,房地产开发企业代第三方收取的"基础设施费用"必须选择上文中的业务模式一,而不能选择业务模式二。

20.3 业务模式一的财务处理

20.3.1 财务核算的政策依据

《企业产品成本核算制度(试行)》(财会〔2013〕17号附件)第二十六条第一款规定,房地产开发企业一般设置土地征用及拆迁补偿费、前期工程费、建筑安装工程费、基础设施建设费、公共配套设施费、开发间接费、借款费用等成本项目。

根据《企业会计准则第14号——收入》(财会〔2017〕22号修订印发)第二十六条的规定,企业为履行合同发生的成本,不属于其他企业会计准则规范范围且同时满足下列条件的,应当作为合同履约成本确认为一项资产:

(1) 该成本与一份当前或预期取得的合同直接相关,包括直接人工、直接材料、制造费用(或类似费用)、明确由客户承担的成本以及仅因该合同而发生的其他成本。

(2) 该成本增加了企业未来用于履行履约义务的资源。

(3) 该成本预期能够收回。

根据上述规定,"合同履约成本"即产品的生产成本或劳务的投入成本,在成本发生时应通过"开发成本"科目进行核算,完工时转入"开发产品"等资产,销售时再转入"主营业务成本"等。

20.3.2 财务处理(一般计税情况下)

基于以上财务核算的政策依据,房地产开发企业发生代收"基础设施建设费"业务模式一的财务处理如下。

第一,代收费用,并将代收"基础设施"费用计入房价时的账务处理:

借:银行存款
　　贷:预收账款
　　　　其他应付款——代收"基础设施建设费"——煤气管道、有线电视初装费等

第二,将代收"基础设施费用"移交给第三方时的账务处理:

借:开发成本——支付"基础设施建设费"——煤气管道、有线电视初装费等
　　贷:银行存款

第三,将代收"基础设施费用"并入房价一并开具发票

给购房者时的账务处理:

借:预收账款

其他应付款——代收"基础设施建设费"——煤气管道、有线电视初装费等

贷:主营业务收入

应交税费——应交增值税(销项税额)

20.4 业务模式一的涉税风险及其防控之策

20.4.1 涉税风险分析

通过实践调研后发现,代收"基础设施建设费"业务模式一的涉税风险主要体现如下几方面。

第一,房地产开发企业将代收的"基础设施建设费"计入房价,在计算土地增值税时,将代收的"基础设施建设费"计入加计扣除以及房地产开发费用的计算基数,从而导致房地产开发企业少缴纳土地增值税。

例如,假设某房地产开发企业开发的某项目发生的"取得土地使用权所支付的金额"(土地成本)为20 000万元,"开发土地的成本、费用"(开发成本)为5 000万元,代收并入房价的"基础设施建设费用"为500万元。故该房地产开发企业在计算土地增值税的扣除项目成本时,只能扣除代收并入房价的"基础设施建设费用"500万元,绝对不可以将代收的"基础设施建设费用"500万元计入计算土地增值税的开发成本加计扣除计算基数(错误的开发成本加计扣除计算基数为"20 000 + 5 000 + 500",正确的开发成本加计扣除计算基数为"20 000 + 5 000")以及房地产开发费用计算的基数(错误的房地产开发费用计算的基数为"20 000 + 5 000 + 500",正确的房地产开发费用计算的基数为"20 000 + 5 000")。标准的计算土地增值税加计扣除成本和开发费用计算基数的方法如下。

土地增值税的开发成本加计扣除的成本计算方法:(20 000 + 5 000) × (1 + 20%)。

房地产开发费用扣除成本的计算方法:(20 000 + 5 000) × (1 + 5%或10%)。

第二,房地产开发企业代收的"基础设施建设费"虽然没有计入房价并含在开票额中,但是在计算土地增值税时,将其计入土地增值税扣除成本,从而导致房地产开发企业少缴纳土地增值税。

第三,将房地产开发企业代收的住宅专项维修资金,作为价外费用缴纳增值税,从而导致房地产开发企业多缴纳增值税。

《营业税改征增值税试点有关事项的规定》(财税〔2016〕36号附件2)第一条第(二)项"不征收增值税项目"规定,房地产主管部门或者其指定机构、公积金管理中心、开发企业以及物业管理单位代收的住宅专项维修资金不征增值税。

根据《中华人民共和国增值税暂行条例实施细则》第十二条的规定,价外费用包括价外向购买方收取的手续费、补贴、基金、集资费、返还利润、奖励费、违约金、滞纳金、延期付款利息、赔偿金、代收款项、代垫款项、包装费、包装物租金、储备费、优质费、运输装卸费以及其他各种性质的价外收费。

基于以上税法政策规定,房地产开发企业代收的住宅专项维修资金,不作为价外费用,而是作为不征收增值税项目,不征增值税。

20.4.2　涉税风险防控之策

根据《土地增值税清算管理规程》(国税发〔2009〕91号印发)第二十八条第二款[①]、《财政部 国家税务总局关于土地增值税一些具体问题规定的通知》(财税字〔1995〕48号)第六条第二款的规定,对于县级及县级以上人民政

[①] 《土地增值税清算管理规程》(国税发〔2009〕91号)第二十八条规定,对于县级以上人民政府要求房地产开发企业在售房时代收的各项费用,审核其代收费用是否计入房价并向购买方一并收取;当代收费用计入房价时,审核有无将代收费用计入加计扣除以及房地产开发费用计算基数的情形。

府要求房地产开发企业在售房时代收的各项费用,如果代收费用是计入房价中向购买方一并收取的,可作为转让房地产所取得的收入计税。如果代收费用未计入房价中,而是在房价之外单独收取的,可以不作为转让房地产的收入。对于代收费用作为转让收入计税的,在计算扣除项目金额时,可予以扣除,但不允许作为加计20%扣除的基数;对于代收费用未作为转让房地产的收入计税的,在计算增值额时不允许扣除代收费用。

基于以上税法规定,房地产开发企业应采用以下涉税风险防控之策。

<u>第一,销售商品房的实践过程中,购房者支付房款给房地产开发企业,就必须向房地产开发企业索取等额数量的发票,房地产开发企业代收的租房维修基金除外。</u>

<u>第二,如果房地产开发企业直接代收有线电视开户费、管道煤气开户费等"基础设施费用",必须按照价外费用合并到收入中,申报缴纳增值税。</u>

<u>第三,对于县级及县级以上人民政府要求房地产开发企业在售房时代收的"基础设施建设费用"计入房价中向购买方一并收取的,可作为转让房地产所取得的收入计算土地增值税,在计算土地增值税扣除项目金额时,可予以扣除,但不允许作为加计20%扣除的基数。</u>

第四,如果房地产开发企业代收的"基础设施建设费用"未计入房价中,而是在房价之外单独收取的,不作为转让房地产收入计算土地增值税。同时,在计算增值额时不允许扣除代收费用。

下篇

土地增值税清算中的"5大税企争议"及其化解之道

在现有的房地产开发企业土地增值税征管实践中,笔者通过走访相关房地产开发企业和税务机关,发现存在一定数量的税企争议事项。若这些税企争议处理不当,容易引起行政复议和行政诉讼。

本篇主要分析在土地增值税清算业务中,房地产开发企业与税务机关之间主要存在的"5 大税企争议"及其化解之道。这"5 大税企争议"包括:<u>土地增值税清算单位的确定、商铺住宅联体楼土地增值税计算方法、土地增值税清算后尾房销售的土地增值税计算方法、以转让股权的名义转让房地产是否征收土地增值税以及土地增值税清算收入是否包含差额增值税</u>。

21

土地增值税清算单位的确定

21.1 税企争议的焦点

土地增值税清算单位如何确定涉及土地增值税清算过程中的成本与收入的确定和分摊,这是关系全国各地房地产开发企业税负公平的问题。

房地产开发企业认为,应以发展和改革委员会批准、核准、备案的立项文件确定的房地产开发项目作为土地增值税的清算单位。但各省税务机关确定土地增值税清算单位的标准各异,具体如表1所示。

表1 各省税务机关确定的土地增值税清算单位的标准

省(市)税务局	土地增值税清算单位
北京	发展和改革委员会立项
辽宁	发展和改革委员会立项;建设工程规划许可证
安徽	建设工程规划许可证
宁波	建设工程规划许可证
深圳	销售许可证
重庆	建设工程规划许可证
浙江	审批、备案项目(不许自行划分)
吉林	发展和改革委员会立项;五证/竣工备案证

(续表)

省(市)税务局	土地增值税清算单位
江苏	发展和改革委员会立项;自行分期结合工程规划许可证
厦门	建设工程规划许可证
大连	企业会计核算单位(税务局审核)
广州	整体开发、统一核算;销售情况+会计核算/初始产权
青岛	建设工程规划许可证
西安	建设工程规划许可证/销售许可证
湖北	建设工程规划许可证
海南	建设工程规划许可证
四川	建设工程规划许可证

21.2 涉税分析

《国家税务总局关于房地产开发企业土地增值税清算管理有关问题的通知》(国税发〔2006〕187号)第一条第一款规定,土地增值税以国家有关部门审批的房地产开发项目为单位进行清算,对于分期开发的项目,以分期项目为单位清算。

基于此规定,土地增值税清算单位以"国家有关部门审批的房地产开发项目"为基础。

何为"国家有关部门审批"?国税发〔2006〕187号文件没有具体明确,这导致全国各地税务机关在税务执法中没有一个统一的执法口径和标准。因此,出现了全国各地税务机关根据本地税收入库情况规定各地的执法标准的情况,这可能导致全国各地房地产开发企业税负不公平的问题。具体分析如下。

21.2.1 以建设工程规划许可证确定清算单位的弊端

建设工程规划许可证是规划管理部门对房地产开发项目建设工程的位置、类别、数量、层数、外形、间距等建设内容开展行政管理的手段。一个房地产开发项目可能有一份或多份建设工程规划许可证。建设工程规划许可证管理的对象是建设工程,不是房地产开发项目建设的全部内容。其许可建设的只是一定范围的建设工程,而不是房地产开发项目本身。如果以建设工程规划许可证确定的工程范围作为土地增值税清算单位,则其与清算单位的税收政策有差异。特别是当一个房地产开发项目领取了两份或两份以上的建设工程规划许可证时,会产生有的许可证范围内的建设工程已经"符合清算条件",但配套的基础设施和公共工程未完成建设,在清算时产生成本无法完全确定的问题。

21.2.2　以建设工程施工许可证确定清算单位的弊端

建筑工程施工许可证是对建筑工程施工手续、拆迁、施工单位资质、安全、质量、施工图纸、技术资料等施工条件进行管理的手段。一个房地产开发项目完全涉及领取多份建设工程施工许可证,建筑工程施工许可证的工程范围会比建设工程规划许可证的工程范围更小。如果以建筑工程施工许可证确定的工程范围作为清算单位,不仅会产生与以建设工程规划许可证确定清算单位一样的弊端,而且还会产生一个房地产项目划分成过多的清算单位、清算工作和成本分配管理烦琐的问题。

21.2.3 以发展和改革委员会的立项批文确定清算单位优势

由于发展和改革行政部门批准、核准、备案的立项文件确定的房地产开发项目包括开发建设的全部基础设施和房屋,如果以发展和改革委员会的立项批文确定清算单位,则其与税收政策规定一致,避免了符合清算条件时成本不确定的问题,减少了将一个房地产开发项目分为多个清算单位而引起的成本分配争议问题,也减少了清算事务,最符合现行的税收政策。

21.3 税企争议化解之道

房地产开发企业应与项目所在地税务机关沟通，熟悉当地省级税务机关下发的有关"土地增值税清算单位"确定的文件，从而确定土地增值税清算单位。如果当地省级税务机关没有下发"土地增值税清算单位"确定的有关文件，则应按照国家税务总局的规定，以<u>发展和改革委员会的立项批文确定清算单位</u>。

22

商铺住宅联体楼土地增值税计算方法

22.1 税企争议的焦点

商铺住宅联体楼,是指房地产开发企业开发的底层是店铺,店铺上面是普通住宅的开发项目。其中,普通标准住宅必须同时满足以下条件:住宅小区建筑容积率在1.0 以上、单套建筑面积在 120 平方米以下;实际成交价格低于同级别土地上住房平均交易价格 1.2 倍以下;允许单套建筑面积和价格标准适当浮动,但向上浮动的比例不得超过上述标准的 20%。

当前,在进行房地产土地增值税清算时,对于商铺住宅联体楼的土地增值税如何计算,出现了税企争议比较大的两种计算方法:

方法一是先按核算项目整体计算增值额和增值率,确定相应税率后,再按商铺和商铺上面的普通住宅各自的建筑面积占整个项目的建筑面积的比例分别核算各自的增值额,最后计算土地增值税。

方法二是先按商铺和商铺上面的普通住宅各自的建筑面积分别计算增值额与增值率,再分别确定适用税率计算土地增值税。

22　商铺住宅联体楼土地增值税计算方法

这两种计算方法，到底应该选择哪一种计算方法呢？<u>税企争议的焦点是：</u>对于房地产开发企业而言，其出于节税的考虑，倾向于第一种计算方法；对于需要及时完成税收任务的税务机关而言，其更倾向于按照第二种计算方法进行土地增值税计算。

谁是谁非？这涉及税收法定和税收公平问题，为此，下文将依据现有的税收法律，对商铺住宅联体楼土地增值税计算方法进行探讨。

22.2 涉税分析

商铺住宅联体楼土地增值税计算的税收政策依据主要有以下几方面。

(1) 关于土地增值税清算单位如何确定的税收政策依据如下。

《土地增值税暂行条例实施细则》第八条规定，土地增值税以纳税人房地产成本核算的最基本的核算项目或核算对象为单位计算。

《国家税务总局关于房地产开发企业土地增值税清算管理有关问题的通知》（国税发〔2006〕187号）第一条第一款规定，土地增值税以国家有关部门审批的房地产开发项目为单位进行清算，对于分期开发的项目，以分期项目为单位清算。

(2) 我国现有税法对普通住宅享受土地增值税优惠政策主要有以下规定。

《土地增值税暂行条例》第八条第(一)项规定，纳税人建造普通标准住宅出售，增值额未超过扣除项目金额20%的，免征土地增值税。

《财政部 国家税务总局关于土地增值税一些具体问

22 商铺住宅联体楼土地增值税计算方法

题规定的通知》(财税字〔1995〕48号)第十三条规定,<u>对纳税人既建普通标准住宅又搞其他房地产开发的,应分别核算增值额</u>。不分别核算增值额或不能准确核算增值额的,其建造的普通标准住宅不能适用《土地增值税暂行条例》第八条第(一)项的免税规定。

《土地增值税清算鉴证业务准则》(国税发〔2007〕132号印发)第四十条第(二)项第一目、第二目规定,如果企业有多个开发项目,审核收入与扣除项目金额是否属于同一项目;<u>如果同一个项目既有普通住宅,又有非普通住宅,审核其收入额与扣除项目金额是否分开核算</u>。

《国家税务总局关于房地产开发企业土地增值税清算管理有关问题的通知》(国税发〔2006〕187号)第一条第二款规定,<u>开发项目中同时包含普通住宅和非普通住宅的,应分别计算增值额</u>。

《土地增值税清算管理规程》(国税发〔2009〕91号印发)第十七条规定,清算审核时,应审核房地产开发项目是否以国家有关部门审批、备案的项目为单位进行清算;对于分期开发的项目,是否以分期项目为单位清算;<u>对不同类型房地产是否分别计算增值额、增值率,缴纳土地增值税</u>。

基于以上政策规定,对商铺住宅联体楼土地增值税的涉税分析如下。

第一，土地增值税清算单位必须以房地产最基本的核算项目或核算对象为单位计算。所谓的"最基本的核算项目或核算对象"是指房地产开发企业在当地建设主管部门（如建设委员会或建设局）报批的房地产开发项目，如果是分期建设的项目，则以分期项目为清算单位。商铺住宅联体楼在实践当中都是作为一个项目在当地建设主管部门报批，而不是把商铺和商铺上面的普通住宅分别向当地建设主管部门报批。因此，对于商铺住宅联体项目的土地增值税清算，应把商铺住宅联体楼作为一个项目清算单位，而不能把商铺和商铺上面的普通住宅分开清算。

第二，开发项目中同时包含普通住宅和非普通住宅的，普通住宅要享受免征土地增值税的税收待遇，必须分别核算普通住宅和非普通住宅的增值额，而不是分别核算其收入额和扣除额，再分别计算其增值额。从以上税收法律规定来看，财税字〔1995〕48号文件第十三条、国税发〔2006〕187号文件第一条第二款和国税发〔2009〕91号文件第十七条都规定，开发项目中同时包含普通住宅和非普通住宅的，应分别计算普通住宅和非普通住宅的增值额。唯独《土地增值税清算鉴证业务准则》（国税发〔2007〕132号印发）第四十条第（二）项要求，同一个项目既有普通住宅，又有非普通住宅，需要对普通住宅和非普通住宅的收入额与扣除项目金额分开核算。首先,由于财税字〔1995〕48号文件是财政部和国家税务总局联合颁布的税收政策文件,国税发〔2007〕132号文件是国家税务总局发布的税收政策文件,根据"上位法优于下位法"的法律适用原则,财税字〔1995〕48号文件优于国税发〔2007〕132号文件的法律效力,应以财税字〔1995〕48号文件的规定为主。其次,国税发〔2009〕91号是2009年国家税务总局发布的文件,国税发〔2007〕132号是2007年国家税务总局发布的文件,两个文件都是程序性法律文件,根据"新法优于旧法"的原则,国税发〔2009〕91号文件优于国税发〔2007〕132号文件的法律效力,应以国税发〔2009〕91号文件的规定为主。

<u>第三,分别核算增值额的核算方法没有明确的法律规定</u>。根据以上所列举的法律规定,可以发现,房地产开发项目中同时包含普通住宅和非普通住宅的,或者同一个项目既有普通住宅,又有非普通住宅的,普通住宅要享受免征土地增值税的税收待遇,必须分别核算普通住宅和非普通住宅的增值额。至于如何分别核算普通住宅和非普通住宅的增值额,没有明确规定,或者规定很含糊。

"分别核算增值额"有两种含义:第一种是把含普通住宅和非普通住宅的开发项目看成一个整体,先算出整体项目的增值额,再根据普通住宅和非普通住宅各自的建筑面积占整个项目的建筑面积的比例分别计算各自的增值额;第二种

是先按普通住宅和非普通住宅的收入额和扣除额分别计算，再分别计算出普通住宅和非普通住宅的增值额。

在实践中，第一种含义主要适用于在当地建设主管部门报批的一个项目中的普通住宅和非普通住宅的物理位置是一起的情况，它们不能分开的。例如，在商铺住宅联体楼项目中，底层是商铺，商铺上面是普通住宅，两者是一体的，其物理位置都是在一起的。这种情况应该把商铺和商铺上面的普通住宅看成一个整体项目，先核算整体增值额，然后根据商铺和普通住宅各自的建筑面积占整个项目的建筑面积的比例分别计算各自的增值额。第二种含义主要适用于在当地建设主管部门报批的一个项目中的普通住宅和非普通住宅的物理位置是分开的情况。例如，在一个报批项目中，东边是20栋普通住宅，西边是1个商场，就应该对20栋普通住宅和商场分别计算其收入额和扣除额，再计算其各自的增值额。

案例分析 10
某商铺住宅联体楼的两种土地增值税计算方法的涉税分析

一、案例介绍

某房地产公司开发商品住宅楼1幢，底层为商铺，面积为1 000平方米，商铺以上为普通住宅，面积为5 000平方米,合计6 000平方米。该商铺住宅联体楼项目土地成本为120万元,房屋开发成本为600万元,其他费用按比例扣除。该项目商铺收入为500万元,普通住宅收入为500万元,合计1 000万元,税金及附加为55万元。假设以上收入和成本都不含增值税,请问,应如何计算缴纳商铺住宅联体楼的土地增值税?

二、土地增值税计算方法评析

根据前面的税收政策分析,基于我国现有税法,对于同一个项目既有普通住宅又有非普通住宅的,要享受普通住宅免土地增值税的税收待遇,只明确要求其分开核算增值额,而对如何计算土地增值税没有具体规定。在实际土地增值税征收计算中,有两种土地增值税计算方法:一种是按核算项目先整体计算增值额和增值率,确定相应税率后,再按普通住宅和非普通住宅各自的建筑面积占整个项目的建筑面积的比例分别核算增值额,计算土地增值税;另一种是先按普通住宅和非普通住宅各自的建筑面积分别计算增值额与增值率,再分别确定适用税率计算土地增值税。结合本案例,现将两种计算方法分别阐述如下。

方法一:按核算项目先整体计算增值额和增值率,确定相应税率后,再按普通住宅和非普通住宅各自的建筑面积占整个项目的建筑面积的比例分别核算增值额，计算土地增值税。

扣除项目＝土地成本＋房屋开发成本＋费用扣除10%＋加计扣除20%＋税金＝120＋600＋（120＋600）×10%＋（120＋600）×20%＋55＝991（万元）。

增值额＝收入－扣除项目＝（500＋500）－991＝9（万元）。

增值率＝增值额÷扣除项目×100%＝9÷991×100%＝0.9%。增值率低于50%，适用30%的税率。

增值率未超过20%，因此，5 000平方米普通住宅免征土地增值税。

商铺应纳的土地增值税＝9×1 000÷6 000×30%＝0.45（万元）。

方法二：先按普通住宅和非普通住宅各自的建筑面积分别计算增值额与增值率，再分别确定适用税率计算土地增值税。

普通住宅扣除项目＝120×5 000÷6 000＋600×5 000÷6 000＋（120×5 000÷6 000＋600×5 000÷6 000）×（10%＋20%）＋55×5 000÷6 000＝825.83（万元）。

普通住宅增值额 = 500 - 825.83 = -325.83(万元),无增值额。

商铺扣除项目 = 120×1 000÷6 000 + 600×1 000÷6 000 + (120×1 000÷6 000 + 600×1 000÷6 000)×(10% + 20%) + 55×1 000÷6 000 = 165.17(万元)。

商铺增值额 = 500 - 165.17 = 334.83(万元)。

商铺增值率 = 334.83÷165.17×100% = 202.72%,适用60%的税率。

商铺应纳土地增值税 = 334.83×60% - 165.17×35% = 200.90 - 57.81 = 143.09(万元)。

由此可见,两种方法计算相差悬殊,选择第一种方法,其应纳的土地增值税为0.45万元;选择第二种方法,其应纳的土地增值税为143.09万元。

到底应该选择方法一还是选择方法二呢?对于企业来讲,选择方法一可以使企业节省土地增值税142.64万元(143.09 - 0.45);对于需要及时完成税收任务的税务机关来讲,更倾向于选择方法二进行计算土地增值税。

三、计算方法评析

从现有的税法来看,方法一是正确的税务处理方式。根据前面的政策分析,该房地产公司是以商铺住宅联体楼为整体在当地建设主管部门进行报批的一个项目。其作为一个成本核算单位,应以商铺住宅联体楼作为土地增值税的计算单位。方法一符合按"土地增值税以纳税人房地产成本核算的最基本的核算项目或核算对象为单位计算"的规定,而且计算出整体项目增值额后,按普通住宅和非普通住宅各自的建筑面积占整个项目的建筑面积的比例进行了增值额分摊,也符合《财政部 国家税务总局关于土地增值税一些具体问题规定的通知》(财税字〔1995〕48号)中关于"分别核算增值额"的规定。

方法二虽然符合税法"分别核算增值额"的规定,但是显然不符合"土地增值税以纳税人房地产成本核算的最基本的核算项目或核算对象为单位计算"的规定。因为,方法二把商铺和商铺上面的普通住宅分别看成成本核算单位,不符合《土地增值税暂行条例实施细则》第八条和《国家税务总局关于房地产开发企业土地增值税清算管理有关问题的通知》(国税发〔2006〕187号)<u>第一条第一款</u>的规定。

22.3 税企争议化解之道

房地产开发企业应积极与税务部门进行沟通,争取税务部门的同意,先按核算项目整体计算增值额和增值率,确定相应税率后,再按普通住宅和非普通住宅各自的建筑面积占整个项目的建筑面积的比例分别核算各自的增值额,最后计算土地增值税。

23

土地增值税清算后尾房销售的土地增值税计算方法

23.1 税企争议焦点

房地产开发企业土地增值税清算后尾房销售的土地增值税计算方法的税企争议焦点是：以下两种土地增值税计算方法中哪一种是正确的。

(1) 第一种计算方法：

第一步，将尾房销售收入减去允许扣除的开发成本及费用（允许扣除的开发成本及费用＝清算时的单位建筑面积成本费用×销售或转让尾房的面积，其中单位建筑面积成本费用＝清算时的扣除项目总金额÷清算的总建筑面积）以及税金及附加等扣除项目金额，计算出增值额和增值率。

第二步，套用现有《土地增值税暂行条例》中规定的适用税率和扣除系数公式计算土地增值税。

(2) 第二种计算方法：

第一步，确定尾房销售的增值额。将尾房销售收入减去允许扣除的开发成本及费用［允许扣除的开发成本及费用＝清算时的单位建筑面积成本费用×销售或转让尾房的面积，其中单位建筑面积成本费用＝清算时的扣除项目

23 土地增值税清算后尾房销售的土地增值税计算方法

总金额÷清算的总建筑面积]以及税金及附加等扣除项目金额,计算出增值额。

第二步,确定整个开发项目的增值率。将尾房销售收入及其对应的开发成本和开发费用分别并入土地增值清算时已经销售开发产品的销售收入及其开发成本和开发费用,计算出增值率。

第三步,确定尾房销售应缴纳的土地增值税。利用第一步计算得出的增值额和第二步计算得出的增值率最终计算出尾房销售应缴纳的土地增值税。

对于以上两种土地增值税计算方法,使用第一种计算方法往往会致使企业多缴税;使用第二种计算方法会致使企业少缴税。因此,在税收征管实践中,税务机关偏向于使用第一种计税方法,房地产开发企业则偏向于采用第二种计税方法,这导致税企争议的出现,不利于税收征管和谐。

23.2 涉税分析

《国家税务总局关于房地产开发企业土地增值税清算管理有关问题的通知》(国税发〔2006〕187号)第八条规定,在土地增值税清算时未转让的房地产,清算后销售或有偿转让的,纳税人应按规定进行土地增值税的纳税申报,扣除项目金额按清算时的单位建筑面积成本费用乘以销售或转让面积计算(单位建筑面积成本费用=清算时的扣除项目总金额÷清算的总建筑面积)。

基于此规定,公式中的"扣除项目金额"既包括已售建筑面积又包含未售建筑面积对应的成本。但是,关于土地增值税清算后销售未转让房产如何计算增值率问题,税法上没有具体的规定。这导致地方税务机关在执法中存在执法口径不统一的现象。另外,房地产开发企业销售的土地增值税清算后未销售的尾房是现房而不是期房,不满足预缴土地增值税的现有税法规定。因此,纳税人已清算项目继续销售的,应在销售的当月进行清算,不对尾房销售收入先预征土地增值税,然后重新启动尾房销售的土地增值税清算。

23 土地增值税清算后尾房销售的土地增值税计算方法

案例分析 11
土地增值税清算后尾房销售的两种土地增值税计算方法的涉税分析

一、案例介绍

某房地产开发企业营改增后开发了某花园小区项目。该小区可售建筑面积为10 000平方米,扣除项目中总建筑成本费用为1 200万元。2018年12月,该小区房屋销售比例达到90%,该房地产开发企业共取得房屋销售收入1 350万元,涉及的税金及附加为74.25万元。税务机关要求该房地产开发企业进行土地增值税清算。在清算时,该房地产开发企业确定了该项目的单位建筑成本费用为1 200元/平方米,应缴纳土地增值税217.11万元。2019年,该项目又销售了门面房500平方米,取得销售收入500万元,涉及的税金及附加为27.5万元。税务机关要求该房地产开发企业再次清算土地增值税。此时,对于如何计算缴纳土地增值税,有两种不同的计算方法,且这两种方法计算出来的税款悬殊较大,税企之间存在争议。

二、销售尾房取得收入的土地增值税计税方法评析

现将两种土地增值税计算方法具体阐述如下。

1. 土地增值税计算方法一

确定500万元是尾房销售所取得的全部收入,按照

税法规定允许从尾房销售收入总额中减去扣除项目金额，确定土地增值额和增值率，以此来计算尾房销售应缴纳的土地增值税。

2019年，尾房销售收入500万元减去允许扣除的开发成本及费用60万元（1 200×500÷10 000），再减去税金及附加27.5万元，增值额为412.5万元（500－60－27.5）。根据增值额与扣除项目的比值为增值率的公式，求得增值率为471.43%[412.5÷(60+27.5)]。

根据超过扣除项目金额200%的部分适用税率为60%，按速算扣除系数35%计算的规定，该房地产开发企业应缴纳土地增值税为216.88万元[412.5×60%－(60+27.5)×35%]。

选择土地增值税计算方法一的计算理由是：项目在进行首次土地增值税清算之后，再销售是一个独立的销售行为，是建立在首次清算时确认过单位建筑成本费用的基础之上。因此，土地的增值额、增值率很容易计算出来，适用税率也容易确定，套用公式计算就可得知，且计算过程非常简便，便于税务人员的税收征收管理。

2. 土地增值税计算方法二

首先，确定尾房销售收入的增值额。2019年，尾房销售收入500万元减去允许扣除的开发成本及费用

60万元(1 200×500÷10 000),再减去税金及附加27.5万元,增值额为412.5万元(500-60-27.5)。

其次,确定尾房销售的增值率。确定增值率的计算过程为:

售房的全部收入 = 首次清算收入 + 再销售收入 = 1 350 + 500 = 1 850(万元)。

开发成本及费用扣除金额 = 首次清算扣除金额 + 再销售扣除金额 = (74.25 + 1 200×10 000÷10 000×90%) + (60 + 27.5) = 1 241.75(万元)。

增值额 = 1 850 - 1 241.75 = 608.25(万元)。

增值率为48.98%(608.25÷1 241.75)。由于增值率是48.98%,未超过50%,对应的适用税率为30%,速算扣除系数为0。

最后,计算尾房销售应缴纳的土地增值税。<u>该房地产开发企业应缴纳的土地增值税为123.75万元(412.5×30%)。</u>

因此,在销售土地增值税清算时未转让房产的土地增值税处理时,按土地增值税计算方法二进行通盘考虑综合计算,可以节省93.13万元(216.88-123.75)的土地增值税成本。

用土地增值税计算方法二计算土地增值税的理由如下。

一是在国家税收政策没有改变的情况下,同一个房地产开发项目的应缴纳土地增值税是一个确定值。不可能随着销售的时点不同而改变。不管过程如何变化,但最终土地增值税适用税率肯定是一个定值。

二是从实际情况看,土地增值税首次清算后如有存量房未销售,在清算后房地产开发企业再次销售存量房是一个很正常的情况。更重要的是,一个开发项目销售完毕后,清算的土地增值额、增值率和应纳土地增值税应是唯一的,不应该有两个以上的结果。

三是根据《国家税务总局关于房地产开发企业土地增值税清算管理有关问题的通知》(国税发〔2006〕187号)的规定,在土地增值税清算时未转让的房地产,清算后销售或有偿转让的,纳税人应按规定进行土地增值税的纳税申报,扣除项目金额按清算时的单位建筑面积成本费用乘以销售或转让面积计算。这里规定了扣除项目的计算,但对增值率的确定和税率的适用没有明确规定,这就意味着房产地企业和税务机关都可以自由选择增值率和税率的确定方法。

23.3 税企争议化解之道

当前,在我国现有土地增值税相关政策对"土地增值税清算后尾房销售如何计算土地增值税"的问题没有明确规定的情况下,房地产开发企业应积极与项目所在地税务部门沟通,征求税务部门的同意,选择上述第二种方法计算土地增值税。

24

以转让股权的名义转让房地产是否征收土地增值税

24.1 税企争议的焦点

许多企业以房地产进行评估投资入股到被投资企业后,将其股权转让给被投资企业的股东,那么,到底要不要对企业取得的股权转让款征收土地增值税呢?

这个问题存在的税企争议如下:

税务机关认为,根据《国家税务总局关于以转让股权名义转让房地产行为征收土地增值税问题的批复》(国税函〔2000〕687号)、《国家税务总局关于土地增值税相关政策问题的批复》(国税函〔2009〕387号)、《国家税务总局关于天津泰达恒生转让土地使用权土地增值税征缴问题的批复》(国税函〔2011〕415号)的规定,必须依法征缴土地增值税。

企业认为,股权转让是企业的股东与股东之间的变动,而不是房地产资产的变动,根据《土地增值税暂行条例》及其实施细则的规定,土地增值税征收的前提条件是必须发生转让国有土地使用权、地上的建筑物及其附着物的行为。因此,企业在以房地产投资后转让股权不需要缴纳土地增值税。

24.2　涉税分析

（1）股权转让取得的收入不在土地增值税的征税范围内。

《土地增值税暂行条例》第二条规定,转让国有土地使用权、地上的建筑物及其附着物并取得收入的单位和个人,为土地增值税的纳税义务人,应依照本条例缴纳土地增值税。基于此税法的规定,土地增值税的征税范围是:转让国有土地使用权、地上的建筑物及其附着物并取得的收入。股权转让收入是转让股权所获得的收入,不是转让国有土地使用权、地上的建筑物及其附着物等资产所获得的收入。

《中华人民共和国公司法》第三条规定,公司是企业法人,有独立的法人财产,享有法人财产权。公司名下的土地使用权及其附着物属于公司财产,股东发生变化,但公司本身作为独立核算的经济实体仍然存在,独立法人资格并未取消。公司的法人财产权未发生变化,公司以其财产对外承担的责任也未发生变化。国税函〔2000〕687号、国税函〔2009〕387号、国税函〔2011〕415号三个批复文件不属于税务规章、税务规范性文件,它们只是针对特定案例有效,在全国没有统一的执行力,不能广泛适用于全部纳税人。对于特定案例以外的其他事项,就应该适用上位法的规定和税法的一般规定。

因此,股权转让并不直接导致公司的土地使用权等法人财产的转让。在股权转让行为中,公司名下的土地使用权及其附着物在股权转让前后并未发生变动,故不属于《土地增值税暂行条例》规定的征税范围。

(2) 国税函〔2000〕687 号、国税函〔2009〕387 号、国税函〔2011〕415 号文件不是规范性文件,是下位法,不能与《土地增值税暂行条例》上位法相抵触。

国税函〔2000〕687 号、国税函〔2009〕387 号、国税函〔2011〕415 号文件是批复文件,既不是现行有效的部门规章,也不是有效的规范性文件。这三个批复文件既不属于 2010 年 11 月发布的《税务部门现行有效、失效、废止规章目录》(国家税务总局令第 23 号)中《现行有效的税务部门规章目录》列明有效的税务部门规章,又不属于 2010 年 12 月发布的《国家税务总局关于公布现行有效的税收规范性文件目录的公告》(国家税务总局公告 2010 年第 26 号)中《现行有效的税收规范性文件目录》列明有效的税务规范性文件。这三个批复属于国家税务总局对下级税务机关专项请示的批复,不属于税务部门规章、税务规范性文件,不能广泛适用于全部纳税人。

根据《最高人民法院关于印发〈关于审理行政案件适用法律规范问题的座谈会纪要〉的通知》(法〔2004〕96号)的规定,若下位法以参照、准用等方式扩大或者限缩上位法规定的义务或者义务主体的范围、性质或者条件,则下位法不符合上位法,人民法院原则上应当适用上位法。因此,国税函〔2000〕687号、国税函〔2009〕387号、国税函〔2011〕415号三个批复文件不得违背其上位法《土地增值税暂行条例》的规定。如税务机关依据这三个批复规定对股权转让行为征收土地增值税,不仅会损害纳税人的合法权益,而且会增加税务机关的执法风险。根据《中华人民共和国行政诉讼法》第三十四条的规定,被告对作出的行政行为负有举证责任,应当提供作出该行政行为的证据和所依据的规范性文件。如果税务机关对其他案例作出了征税的行政行为,且产生了税企争议,纳税人可以采取诉讼的司法救济方式,而税务机关显然无法提供其作出该行政行为"所依据的规范性文件",结果肯定是税务机关败诉。

(3) 以转让股权的名义转让房地产征收土地增值税严重背离征税的税收法定原则。

税收法定原则是指由立法者决定全部税收问题的税法基本原则,即如果没有相应法律作前提,税务机关不能征税,公民也没有纳税的义务。税收主体必须依法律的规定征税,纳税主体必须依法律的规定纳税。税收法定原则的具体内容包括如下三部分。

第一,税种法定。也就是说,税种必须由法律予以规定;一个税种必定相对应于税种法律;非经税种法律规定,征税主体没有征税权利,纳税主体不负缴纳义务。这是发生税收关系的法律前提,是税收法定原则的首要内容。

第二,税收要素法定。这里指的是税收要素必须由法律明确规定。所谓税收要素,具体包括征税主体、纳税主体、征税对象、税率、纳税环节、纳税期限和地点、减免税、税务争议以及税收法律责任等内容。税收要素是税收关系得以具体化的客观标准,是其得以全面展开的法律依据。因此,税收要素是税收法定原则的核心内容。

第三,程序法定。其基本含义是,税收关系中的实体权利义务得以实现所依据的程序要素必须经法律规定,并且征纳主体各方均须依法定程序行事。

党的十八届三中全会明确指出"贯彻落实税收法定原则"。一些地方税务机关依据没有全国统一效力的国税函〔2000〕687号、国税函〔2009〕387号、国税函〔2011〕415号这三个批复文件,对"以转让股权的名义转让房地产征收土地增值税",严重违背了税收法定原则。

24 以转让股权的名义转让房地产是否征收土地增值税

针对以上政策评析,企业发生转让股权的行为,转让的是企业的股权,而不是企业的资产,转让股权只需缴纳所得税和印花税,转让资产才需缴纳增值税、所得税、印花税和土地增值税(在转让的资产是国有土地使用权、地上的建筑物及其附着物的情况下)。股权转让所取得的收入不在土地增值税的征税范围内。以房屋、国有土地为主要资产的企业发生股权转让不征收土地增值税。

24.3 税企争议化解之道

营改增后,企业以房地产投资入股后转让股权的法律实质,不是转让房地产开发产品的行为,而是股东与股东之间的股权变更行为。企业应提供能证明企业转让股权而不是转让房地产开发产品的法律证明材料,积极与税务部门沟通协调,不对企业征收土地增值税。

25

土地增值税清算收入是否包含差额增值税

25.1 税企争议焦点

根据《房地产开发企业销售自行开发的房地产项目增值税征收管理暂行办法》(国家税务总局公告 2016 年第 18 号发布)第四条的规定,房地产开发企业中的一般纳税人销售自行开发的房地产项目,适用一般计税方法计税,实行差额征收增值税政策,即按照房地产开发企业销售开发产品取得的全部价款和价外费用,扣除当期销售房地产项目对应的土地价款后的余额计算销售额。在发票开具上,房地产开发企业实行全额开具发票,差额征收增值税的税收政策。

通过实践调研发现,享受差额征税的一般纳税人资格的房地产开发企业在土地增值税清算时,土地增值税清算收入如何确定,税企双方往往存在争议,争议的焦点如下。

税务机关认为,应将差额增值税部分计入土地增值税清算收入。例如,《广州市地方税务局关于印发 2016 年土地增值税清算工作有关问题处理指引的通知》(穗地税函〔2016〕188 号)规定,纳税人选用增值税一般计税方法计的,土地增值税预征收入按"含税销售收入÷(1+11%[①])"确认;土地增值税清算收入按"(含税销售收入+本项目土地价款×11%)÷(1+11%)"确认,即纳税人按规定允许以本项目土地价款扣减销售额而减少的销项税金,应调增土地增值税清算收入。

房地产开发企业认为,既不能将差额增值税部分计入土地增值税清算收入,也不能在土地成本中冲减对应差额增值税。

[①] 现税率为9%,下同。

25.2 涉税分析

针对以上税企争议问题,从增值税抵扣原理来看,税务机关的观点是错误的,而房地产开发企业的观点是正确的。为了方便分析,下面以增值税税率为9%,商品房销售全部价款为100万元,当期允许扣除的土地价款为20万元为例进行计算分析,具体的涉税分析如下。

(1) 房地产开发企业实行"差额征税,全额开票"。

根据假设数据,房地产开发企业应缴纳增值税的销售额为73.39万元[(100-20)÷(1+9%)],应缴增值税为6.61万元[(100-20)÷(1+9%)×9%]。对外全额开具销售商品房发票,即按照总价款100万元,税率9%开票,发票上的销售额为不含增值税价款91.74万元[100÷(1+9%)],增值税税款为8.26万元[100÷(1+9%)×9%],即所谓的"差额征税,全额开票"。

(2) 扣除土地成本差额征增值税的账务处理。

根据《增值税会计处理规定》(财会〔2016〕22号印发)的规定,按现行增值税制度规定企业发生相关成本费用允许扣减销售额的,发生成本费用时,按应付或实际支付的金额,借记"主营业务成本""存货""工程施工"等科目,贷记"应付账款""应付票据""银行存款"等科目。待取得合规增值税扣税凭证且纳税义务发生时,按照允许抵扣的税额,借记"应交税费——应交增值税(销项税额抵减)"或"应交税费——简易计税"科目(小规模纳税人应借记"应交税费——应交增值税"科目),贷记"主营业务成本""存货""工程施工"等科目。

基于上述规定,房地产开发企业扣除土地成本差额征增值税的账务处理如下。

商品房销售收入确认时:

借:银行存款(预收账款)　　　　　　　　1 000 000

　贷:主营业务收入　　　　　　　　　　　917 400

　　应交税费——应交增值税　　　　　　82 600

差额征税时:

借:应交税费——应交增值税(销项税额抵减)　16 500

　贷:主营业务成本——土地　　　　　　　16 500[①]

由以上账务处理可知,会计收入同发票开具收入中的不含税价款保持一致,都不考虑增值税差额征收问题,均为91.74万元;企业所得税收入也同会计收入和发票开具

---

① $20 \div (1+9\%) \times 9\% = 1.65$(万元)

收入保持一致,均为 91.74 万元。

(3) 扣除土地价款差额征税的房地产开发企业土地增值税收入的确认方法:以发票上开具的销售额为土地增值税清算收入。

《国家税务总局关于土地增值税清算有关问题的通知》(国税函〔2010〕220 号)第一条规定,土地增值税清算时,已全额开具商品房销售发票的,按照发票所载金额确认收入。

根据《国家税务总局关于营改增后土地增值税若干征管规定的公告》(国家税务总局公告 2016 年第 70 号)的规定,营改增后,纳税人转让房地产的土地增值税应税收入不含增值税。适用增值税一般计税方法的纳税人,其转让房地产的土地增值税应税收入不含增值税销项税额;适用简易计税方法的纳税人,其转让房地产的土地增值税应税收入不含增值税应纳税额。

基于这两个税法文件的规定,全面营改增后,一般纳税人资格的房地产开发企业转让房地产的土地增值税应税收入,以全额开具商品房销售发票上所载不含增值税销项税额的销售金额确认为土地增值税清算收入。在本案例中,是以发票上不含增值税价款的销售额 91.74 万元为土地增值税清算收入,而不是以含差额增值额的 93.39 万元(91.74＋1.65)为土地增值税清算收入。

另外,以发票上不含增值税价款的销售额 91.74 万元为土地增值税清算收入符合增值税抵扣链条原理。由于房地产开发企业按照"全额开票,差额征税"原则,给下游企业开具的发票上的销售额为不含增值税价款 91.74 万元[100÷(1＋9%)],增值税税款为 8.26 万元[100÷(1＋9%)×9%]。下游企业取得该不动产发票,正常可以按照 8.26 万元抵扣增值税进项税额。如果下游企业将该不动产再次出售,则下游企业按照票面的 91.74 万元作为扣除项目,而不是以上游房地产公司确认收入的 93.39 万元作为扣除项目。否则,上游房地产公司如果按照 93.39 万元确认房企土地增值税清算收入,则将导致下游企业未来再次转让后,下一轮土地增值税清算扣除项目的混乱和不一致。

(4) 扣除土地价款差额征税的房地产开发企业,不能在土地增值税清算中的土地成本扣除额中冲减土地价款对应差额增值税。

扣除土地价款差额征税的房地产开发企业在进行土地增值税清算时,在开发成本扣除项目中的土地价款不能按照 18.35 万元(20－1.65)扣除,而应该按照 20 万元扣除。

根据《国家税务总局关于修订土地增值税纳税申报表的通知》(税总函〔2016〕309号)的附件中《土地增值税纳税申报表(二)》的填表说明中的规定,表第6栏"取得土地使用权所支付的金额",按纳税人为取得该房地产开发项目所需要的土地使用权而实际支付(补交)的土地出让金(地价款)及按国家统一规定缴纳的有关费用的数额填写。基于此税法规定,填写允许扣除的土地价款为实际发生数额,不用考虑少缴的那部分增值税。

25.3 税企争议化解之道

房地产开发企业应依据税法的规定,与当地税务主管部门沟通协商一致:一般纳税人的房地产开发企业销售自行开发的房地产项目适用一般计税方法计税,在实行差额征收增值税政策的情况下,其土地增值税清算时,既不能将差额增值税部分计入土地增值税清算收入,也不能在土地成本中冲减对应差额增值税。